compra

siempre fresco

cocinar

sin complicarse

comer

al momento

comprar
siempre fresco
cocinar
sin complicarse
comer
al momento

lulu grimes

fotografías de
ian hofstetter

traducción de josé antonio bravo

Grijalbo

sumario

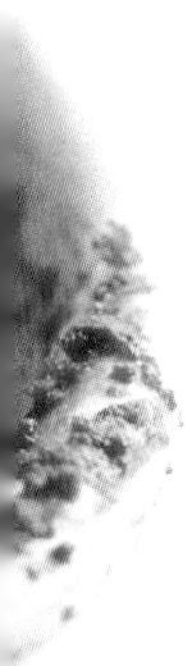

por dónde empezar

Este libro se dirige a todo aquel que desee comer buenos platos sin demasiadas complicaciones, como los que elige cuando entra en un restaurante de comida casera o de los denominados de «cocina de mercado». Es decir, son recetas de resultado probado, fáciles, ligeras y, en algunos casos, ya conocidas. La buena comida para todos los días.

No son recetas de difícil elaboración. Al final de una dura jornada de trabajo, nadie quiere meterse en la cocina durante dos o tres horas. Algunas de esas recetas precisan de tal o cual ingrediente de los que no se tienen habitualmente en casa y hay que salir a buscarlo. Pero los encontrará en el supermercado de la esquina o en el delikatessen del barrio. El tiempo de preparación varía, a veces los ingredientes requieren una preparación previa, pero después el tiempo de cocción es mínimo; otras veces se echan en la olla tal como se compran, pero necesitan hervir un rato.

Las recetas se han agrupo por capítulos dependiendo del ingrediente principal de cada plato. De esta manera, se puede organizar fácilmente la minuta del día en función de lo que se tenga en el frigorífico o en la despensa. En cada receta, primero se incluye la lista de los ingredientes, con indicación de la cantidad necesaria, seguida de las instrucciones para la elaboración.

La mayoría de estas recetas le proporcionarán raciones bastante generosas para dos comensales, aunque se incluyen algunas elaboraciones más solemnes, como los asados, concebidas para cuatro personas. Si son más los que van a sentarse a la mesa, basta con hacer una sencilla multiplicación.

Y eso es todo. De veras. No se necesita más que un horno con gratinador y una encimera. Los utensilios necesarios se detallan en la página siguiente. Cuando lo tenga todo, podemos empezar.

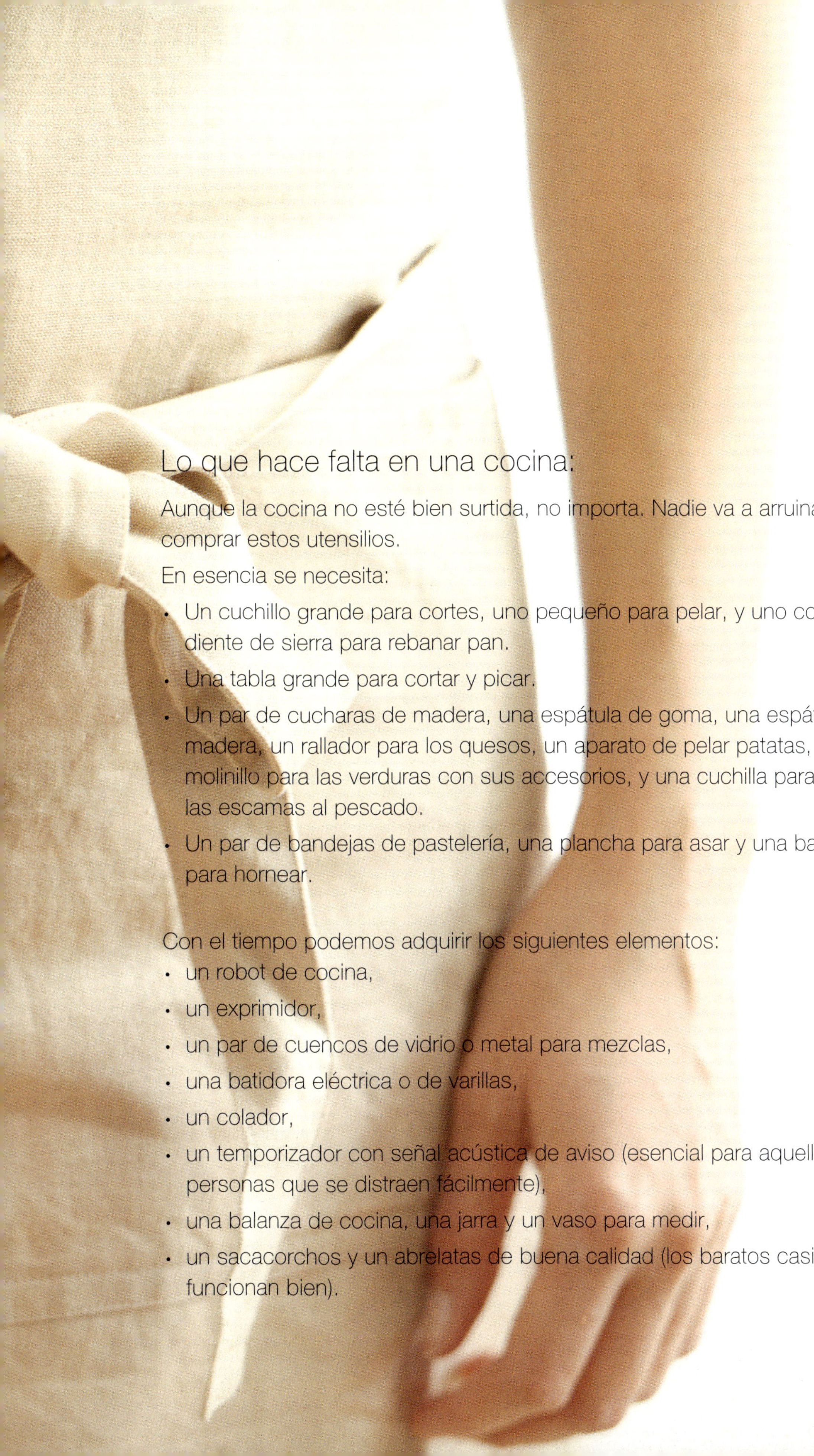

Lo que hace falta en una cocina:

Aunque la cocina no esté bien surtida, no importa. Nadie va a arruinarse por comprar estos utensilios.

En esencia se necesita:

- Un cuchillo grande para cortes, uno pequeño para pelar, y uno con filo en diente de sierra para rebanar pan.
- Una tabla grande para cortar y picar.
- Un par de cucharas de madera, una espátula de goma, una espátula de madera, un rallador para los quesos, un aparato de pelar patatas, un molinillo para las verduras con sus accesorios, y una cuchilla para quitarle las escamas al pescado.
- Un par de bandejas de pastelería, una plancha para asar y una bandeja para hornear.

Con el tiempo podemos adquirir los siguientes elementos:

- un robot de cocina,
- un exprimidor,
- un par de cuencos de vidrio o metal para mezclas,
- una batidora eléctrica o de varillas,
- un colador,
- un temporizador con señal acústica de aviso (esencial para aquellas personas que se distraen fácilmente),
- una balanza de cocina, una jarra y un vaso para medir,
- un sacacorchos y un abrelatas de buena calidad (los baratos casi nunca funcionan bien).

huevos

Huevos, ¿por qué?

Por la gran variedad de sus preparaciones y por su valor nutritivo (la yema contiene más proteínas que la clara). Se preparan fácilmente de muchas maneras. Quien tiene una docena de huevos en el frigorífico no pasa hambre.

¿Qué hay que buscar?

Que sean muy frescos. Las cajas de huevos y, en ocasiones, los propios huevos, llevan impresa la fecha del día que se pusieron, o el límite de caducidad. Si se compran frescos podrán conservarse una semana.

* Cuando son frescos tienen una clara muy gelatinosa, con lo que se escalfan o fríen con más facilidad. Los de 2, 3 o más días se baten más fácilmente y pasados por agua se pelan mejor.
* Para verificar si un huevo es fresco, sumérjalo en un tazón con agua. El huevo fresco se queda hundido en posición horizontal; en caso contrario, flota verticalmente (por la cámara de aire que se habrá formado en su interior).

¿Qué encontraremos?

Los huevos de granja generalmente se consideran más saludables, aunque la definición de lo que sea un huevo de granja o de producción ecológica varía de unos países a otros. Busquemos auténticos huevos de granja, de gallinas criadas en corral sin jaulas, que son las gallinas más felices. Se consumen huevos de muchas especies, desde los de gallina hasta los de avestruz; a continuación relacionamos los más corrientes:

- Los huevos de gallina pueden ser «rubios» o blancos. El color no implica ninguna diferencia en cuanto a su sabor. Se clasifican por tamaños (XL o súper son los de más de 73 g; L, los de 63 a 73 g; M, los de 53 a 63 g, y S, los de menos de 53 gr). Los de dos yemas son exactamente lo que dice el nombre y ocasionalmente encontraremos una docena entera o una media docena de ellos.
- Los huevos de codorniz son más pequeños, con pintas en la cáscara, y se preparan igual que los de gallina, aunque la cocción ha de ser más breve (de 2 a 3 minutos).
- Los de pata son más grandes que los de gallina y con cáscara blanca o de matiz azulado. Suelen usarse en pastelería y otras preparaciones.

huevos Benedict

6 huevos, directos de la nevera
2 lonchas de prosciutto o jamón serrano
2 bollos o tostadas
110 g de mantequilla
1 cucharada de zumo de limón

Raciones: 2 Preparación: 15 minutos

Poner en marcha el gratinador. Colocar una cacerola honda con agua a fuego vivo. Cuando esta rompa a hervir, bajar el fuego al mínimo, que mantenga un leve hervor. Cascar un huevo en una taza y verterlo con cuidado en el agua, donde debe empezar a ponerse opaco casi enseguida. Repetir la operación con 3 huevos más, separados. No hay que preocuparse si alguno se rompe. Reducir el fuego al mínimo y dejar que los huevos se escalfen durante 3 minutos.

Disponer el jamón en una bandeja para horno y colocarla bajo el gratinador durante 2 minutos; dar la vuelta a las lonchas y dejar 2 minutos más. Si utiliza muffins, ponerlos en la tostadora o bajo el gratinador para tostarlos ligeramente.

Cascar los huevos restantes en la batidora, y colocar la tapadera dejando abierto el orificio central, por donde ha de echar la mantequilla previamente fundida en un cazo pequeño o en el microondas hasta que burbujee (será poco más de 1 minuto en la sartén, pero hay que vigilar que no empiece a tomar color dorado).

Poner en marcha la batidora y agregar la mantequilla en un chorrito delgado pero continuo. Debe emulsionar inmediatamente con los huevos, formando una salsa espesa. Añadir el jugo de limón y sazonar la salsa holandesa con sal y pimienta negra al gusto.

Disponer los muffins o las tostadas en platos separados y cubrir cada uno con una loncha de jamón. Con la espátula, sacar cuidadosamente los huevos del agua, uno a uno, y disponerlos sobre las lonchas de jamón. Por último, echar una cucharada de holandesa sobre cada huevo.

huevos rancheros

1 cucharada de aceite de oliva
1 cebolleta finamente picada
½ pimiento verde finamente picado
1 chile picante finamente picado
1 diente de ajo chafado
½ cucharadita de orégano seco
1 tomate picado
400 g de tomate triturado de lata
4 huevos
2 tortillas de harina
50 g de queso griego feta, en migas

Raciones: 2 Preparación: 25 minutos

Echar un chorro de aceite en la sartén y ponerla a fuego medio. Añadir la cebolla y el pimiento verde y saltear durante 2 minutos, o hasta que estén tiernos.

Agregar el chile y el ajo, remover y añadir el orégano, el tomate fresco y el de lata, y 90 ml de agua. Llevar a ebullición y reducir enseguida a fuego lento, que debe mantenerse durante 5 minutos o hasta que se espese el sofrito. Sazonar con sal y pimienta.

Alisar la superficie del sofrito y practicar en el mismo cuatro huecos con el dorso de la cuchara de madera. Cascar un huevo en cada hueco y tapar la sartén. Dar 5 minutos de cocción a los huevos, o hasta que estén cuajados.

Mientras se guisan los huevos, calentar las tortillas según las instrucciones del envase, y cortarlos en cuartos.

Servir con las migas de feta espolvoreada sobre los huevos y decorando con los trozos de tortilla.

tortilla española con salmón ahumado

1 cucharada de aceite de oliva
200 g de patatas peladas y cortadas a dados
1 cebolla pequeña finamente picada
6 huevos
1 cucharada de eneldo picado
4 lonchas de salmón ahumado
2 cucharadas de queso mascarpone
2 puñados de hojas de lechuga

Raciones: 2 Preparación: 20 minutos

Calentar el aceite en una sartén pequeña antiadherente y añadir la patata cortada a dados. Freír a fuego mediano, removiendo continuamente para que los dados se doren por todas partes y se pongan tiernos. Llevará poco más o menos de 10 minutos, dependiendo del tamaño de los trozos. Cortar un dado para ver si está frito al punto.

En este momento, añadir la cebolla y saltear durante unos minutos, o hasta que esté traslúcida y tierna. Poner en marcha el gratinador.

Cuando la cebolla esté casi hecha, romper los huevos sobre una fuente y batirlos con un poco de sal, pimienta y eneldo.

Trocear el salmón ahumado y echarlo a la sartén. Añadir unas porciones de mascarpone. Con la espátula, empujar la mezcla hacia el centro de la sartén y allanarla; hecho esto, verter los huevos batidos y seguir friendo la tortilla unos 4 minutos, o hasta que empiece a cuajarse.

Pasar la sartén minuto bajo el gratinador para dorar ligeramente la parte superior de la tortilla.

Inclinar ligeramente la sartén para sacar la tortilla y cortarla en cuatro cuñas. Repartir las hojas de lechuga en cada plato y cubrirlas con dos trozos de tortilla para cada uno.

burritos de huevo frito y cebolla roja

1 cucharada de aceite de oliva
2 rodajas algo gruesas de cebolla roja
1 pimiento rojo, cortado en juliana
½ cucharada de vinagre balsámico
2 huevos
2 panes de pita
2 cucharadas de crema de leche con unas gotitas de limón
salsa chile dulce

Raciones: 2 Preparación: 15 minutos

Calentar el aceite en una sartén antiadherente y echar la cebolla. Saltearla a fuego lento, removiendo de vez en cuando, hasta que se ablande y se torne traslúcida. Agregar el pimiento rojo y continuar hasta que también se haya ablandado. Subir el fuego al máximo, removiendo constantemente durante 1 minuto o 2. Cuando se hayan dorado las hortalizas, agregar el vinagre balsámico sin dejar de remover.

Pasar el sofrito a un lado de la sartén y echar en la superficie libre, con cuidado, dos huevos, procurando que no se mezclen. Freír a fuego lento hasta que los huevos hayan cuajado.

Calentar las tortas en el microondas o bajo el gratinador, pero solo unos segundos (solo deben estar blandas y calentitas). Extender sobre una tabla, echar una cucharada de crema agria en el centro de cada una y luego unas gotas de salsa chile. Disponer en cada una un montón de sofrito de cebolla y pimiento y, tras agregar un huevo, sazonar con sal y pimienta.

Recoger un lado de cada torta y enrollar longitudinalmente. De esta manera se evita que el relleno vaya cayéndose mientras comemos.

beicon y salsichas

Beicon, ¿por qué?

Según cómo se haya curado, puede ser salado o dulce, ahumado o fresco. Es útil como ingrediente principal o para añadir un matiz de sabor. Aunque no nos hayan quedado en el frigorífico más que un par de lonchas dentro de un sobre de plástico, siempre nos servirá para dar un sabor magnífico a cualquier sopa, ensalada o salsa para pasta italiana.

¿Qué hay que buscar?

Ha de tener aspecto bastante seco y un ligero brillo superficial. La grasa debe presentar aspecto cremoso pero sólido. El beicon ensobrado muchas veces queda demasiado húmedo. Si es posible, hagamos que nos lo corten de la pieza en la tocinería.

¿Qué encontraremos?

El beicon se vende con o sin la corteza, a elección del cliente.

- El lomo viene en filetes y chuletas.
- El tocino entreverado tiene una elevada proporción de grasa respecto a la carne y es óptimo para hacer torrijas.
- El «gamon» es carne de pierna curada como el tocino. Tiene un gusto más suave que el jamón y generalmente se vende en piezas o cortado en filetes.
- El «canadian bacon» es bueno para desayunos porque tiene sabor dulce y muy poca grasa.
- «Speck» es tocino en alemán, se corta a porciones gruesas o a lonchas.
- «Pancetta» es italiano y significa tocino de panza curado en sal, ahumado o no; se vende en lonchas más o menos gruesas, o cortado a dados.

Salsichas, ¿por qué?

Pueden ser la parte principal de un plato, o picados, por ejemplo, para dar sabor como un ingrediente más.

¿Qué hay que buscar?

A las salchichas se les debe notar que están hechas de carne. Las de color demasiado rosado y uniforme posiblemente contendrán una proporción escasa de carne y mucho cereal.

¿Cómo utilizarlos?

Necesitan una cocción lenta para evitar que se rompen, aunque también es posible pinchar previamente la piel, lo que contribuirá a que suelten grasa. Las podemos asar a la plancha o a la barbacoa, freír, brasear, y comer calientes o frías.

¿Qué encontraremos?

Se comercializan en una infinita variedad de sabores y tamaños. Están las elaboraciones tradicionales, y luego las modas que apenas duran una temporada.

- Las salchichas de cerdo se sazonan generalmente con salvia, perejil, ajo o incluso manzana. Las chipolatas son salchichas pequeñas de aperitivo.
- Las salchichas de ternera son de color oscuro y sabor fuerte. Es corriente la adición de tomate.
- Las salchichas de cordero tienen aroma fuerte. Se sazonan a menudo con ajo, romero o chile.
- Las de pollo tienen un color blanquecino y un sabor muy suave. Con frecuencia, el boudin blanc se elabora a base de pollo.

ensalada César

1 lechuga rizada
8 rebanadas delgadas de baguette
250 ml de aceite de oliva
3 lonchas de beicon, quitando las cortezas y cortadas a trozos
la yema de 1 huevo
1 diente de ajo
4 filetes de anchoa
1 cucharada de zumo de limón
salsa Worcestershire al gusto
1 pizca abundante de queso parmesano

Raciones: 2 Preparación: 10 minutos

Separar las hojas de lechuga y disponerlas en una fuente grande. Poner en marcha el gratinador.

Mojar las dos caras de las rebanadas de pan con un poco de aceite y tostarlas hasta que tomen un color dorado. Reservar aparte para que se enfríen.

Dorar el beicon en un poco de aceite y pasar luego los trozos a la fuente, sobre la lechuga.

Poner la yema de huevo, el ajo y las anchoas en el robot de cocina y batir durante 1 minuto. A continuación, sin parar el motor, el resto de aceite en chorrito a través del orificio superior de la tapadera. El aceite y el huevo emulsionan inmediatamente, y se obtiene una mayonesa. Añadir el zumo de limón y la salsa Worcestershire, batir bien y sazonar con sal y pimienta al gusto.

Con el aparato de pelar patatas, sacar virutas de un trozo de queso parmesano, procurando que queden lo más finas posible. La cantidad de virutas de queso es optativa.

Verter el aliño sobre la lechuga, agregar las virutas de parmesano y remover bien. Repartir la ensalada en dos cuencos y disponer sobre cada uno las cuatro tostadas.

ensalada de beicon y aguacate

4 lonchas de beicon sin corteza
200 g de judías verdes, sin rabillos y troceadas
150 g de espinacas baby (alrededor de 4 puñados)
1 chalota cortada a rebanadas finas
1 aguacate
1 pizca de azúcar moreno
1 diente de ajo
2 cucharadas de aceite de oliva
½ cucharada de vinagre balsámico
1 cucharadita de aceite de sésamo

Raciones: 2 Preparación: 10 minutos

Dorar el beicon hasta dejarlo bien crujiente. Cuando esté frío, trocearlo.

Cocer las judías verdes 4 minutos. Escurrir y enfriar bajo el grifo.

Disponer las hojas de espinaca en una fuente y agregar las judías, el beicon y la chalota. Partir el aguacate por la mitad, cortarlo a dados y pasarlo a la fuente. En un cuenco, mezclar el azúcar moreno y el ajo, agregar el resto de los ingredientes y batir para elaborar el aliño.

Aliñar la ensalada con esta preparación y remover bien. Moler un poco de pimienta negra sobre la fuente y salar.

spaghetti carbonara

1 cucharada de aceite de oliva
150 g de panceta, cortada a dados pequeños
4 cucharadas de crema de leche
3 yemas de huevo
4 cucharadas de queso parmesano rallado

Raciones: 2 Preparación: 15 minutos

Sofreír la panceta, hasta que esté un poco dorada y crujiente. Escurrir el aceite sobrante. Mezclar la crema de leche y los huevos en un cuenco y, cuando la panceta se haya enfriado, agregarla a dicha mezcla. Poner al fuego una cacerola ancha con agua y sal. Cocer los espaguetis al dente. Escurrirlos y reservar una tacita del agua empleada en la cocción. Volver a introducir los espaguetis a la cacerola y ponerla a fuego lento. Añadir la mezcla con las yemas y dos cucharadas de parmesano. Retirar enseguida la cacerola del fuego para evitar que cuajen las yemas. Salpimentar, y mezclar bien. Si la salsa ha quedado demasiado espesa y la pasta se pega, añadir un poco del agua salada de la que se había apartado antes. Los espaguetis deben verse revestidos de un fino barniz de huevo y crema.

Servir en cuencos ya calentados, con parmesano rallado.

salchichas braseadas con lentejas

1 cucharada de aceite de oliva
55 g de panceta, cortada a dados
6 salchichas
1 diente de ajo pelado y chafado
1 ramito de tomillo
150 g de lentejas del Puy (2/3 de taza)
375 ml de consomé de pollo
150 g de hojas de espinaca enana picadas
2 cucharadas de crème fraîche

Raciones: 2 Preparación: 50 minutos

Freír la panceta, sacarla y reservar. Sofreír la cebolla hasta que esté tierna y apenas un poco dorada. Sacarla y dorar las salchichas en la misma sartén; echar sobre ellas la panceta y la cebolla.

Agregar el ajo y el tomillo en la propia sartén, con las lentejas, y remover los ingredientes. Añadir el consomé y hervir, tapar y reducir el fuego al mínimo 25 minutos. Agregar las hojas de espinaca.

Salpimentar las lentejas, y revolver con la crème fraîche. Servir las lentejas con las salchichas en plato hondo. Se acompañan con pan.

merguez con harissa y cuscús

1 cucharada de mantequilla
150 g de cuscús instantáneo
1 cucharadita de harissa
2 cucharadas de aceite de oliva
1 cucharada de zumo de limón
1 cucharada de corteza de limón rallada muy fina
1 cucharada de perejil picado
75 g de pimiento rojo asado al fuego cortado a tiras
2 cucharadas de pasas de Corinto
6 salchichas merguez u otras salchichas picantes
yogur natural espeso

Raciones: 2 Preparación: 30 minutos

Poner la mantequilla en el fondo de una cacerola con 250 ml de agua, y hervir. Echar el cuscús, remover y retirarlo del fuego. Tapar y dejar unos 5 minutos para que se empape la sémola. Mezclar la harissa, el aceite de oliva, el zumo de limón y la corteza rallada. Añadir el perejil, el pimiento rojo y las pasas, y dejar reposar.

Dorar las salchichas 8 minutos.

Mientras, destapar el cuscús y remover para que se suelten los granos; añadir la marinada de harissa.

Servir el cuscús coronado con los trozos de salchicha y yogur.

pastel de chirivía y patata

4 chirivías troceadas
3 cucharadas de mantequilla
4 lonchas de beicon descortezadas y picadas
1 chile rojo finamente picado
2 chalotas finamente picadas
1 cucharadita de garam masala
1 cucharadita de mostaza en grano
½ cucharada de miel
3 cucharadas de crema de leche

Raciones: 2   Preparación: 40 minutos

Hervir agua en un cazo y cocer las chirivías a fuego lento durante 15 minutos, o hasta que estén tiernas, como se comprobará con la punta de un cuchillo. Escurrirlas bien.

Fundir dos cucharadas de mantequilla en una sartén antiadherente, añadir el beicon y dorarlo, pero dejándolo todavía tierno. Añadir el chile y las chalotas, y cocinar 2 minutos más, que deben ser suficientes para que las chalotas queden tiernas. Agregar el garam masala, removiendo, y retirar la sartén del fuego.

Chafar la chirivías y mezclarlas con el beicon y lo demás. Poner de nuevo la sartén en el fuego, añadir la última cucharada de mantequilla, formar un montón con todo en la sartén y allanarlo con la espátula. Calentar durante varios minutos. Debe empezar a dorarse por debajo y a tomar la consistencia de un pastel. Pasar con cuidado la espátula por debajo, ponerlo en un plato e invertir el plato sobre la sartén para dorar el otro lado.

Mientras se está haciendo, mezclar la mostaza, la miel y la crema en un cazo pequeño y calentar despacio hasta que empiecen a formarse burbujas en la superficie de la mezcla.

Cuando el pastel esté dorado por las dos caras, pasarlo a una tabla. Cortarlo en porciones y servir con la salsa de miel y mostaza, decorando con unas hojas de ensalada verde.

salchichas con alubias y gremolata

3 cucharadas de aceite de oliva
6 salchichas troceadas
4 dientes de ajo chafados
120 g de pimiento rojo o amarillo asado al rescoldo
400 g de alubias blancas de lata escurridas
1 cucharada de corteza de limón rallada
3 cucharadas de perejil picado
1 cucharada de zumo de limón
aceite de oliva virgen extra para aliñar

Raciones: 2 Preparación: 30 minutos

Calentar el aceite de oliva en la sartén y saltear las salchichas hasta dorarlas por completo y dejarlas bien tiernas. Sacarlas de la sartén y reservar.

A fuego medio, ablandar dos dientes de ajo en la misma sartén. Cortar el pimiento a tiras y añadirlo junto con las alubias y las salchichas. Remover y cocinar durante 2 minutos, siempre a fuego medio, para calentar las salchichas. Sazonar con sal y pimienta.

Para elaborar la gremolata se chafan en el mortero los dos dientes de ajo restantes con un poco de sal. A esta pasta se le añade la corteza de limón y el perejil picado, y se sazona con sal y pimienta.

En el momento de servir se añade la gremolata, removiendo para mezclarla con las alubias, y se le da el aliño final al plato con unas gotas de zumo de limón y un chorrito de aceite de oliva virgen.

quesos

Quesos, ¿por qué?

Hay cientos de tipos y variedades, y se prestan a ser utilizados en la cocina: no hay nada que funda tan bien como el queso. Los tiernos confieren además una textura cremosa a muchos platos salados y dulces.

¿Qué hay que buscar?

- A ser posible, compraremos trozos grandes cortados del bloque en nuestra presencia, o quesos enteros. Si pedimos un corte, a lo mejor podremos solicitar que nos dejen catar previamente una loncha.
- Si compramos lonchas embolsadas, hay que verificar la fecha de caducidad.
- Evitar en lo posible la adquisición de quesos rallados. Nunca estarán tan buenos como los que rallemos nosotros mismos en casa.

¿Cómo utilizarlos?

- Cuando la receta indique un tipo de queso, se procurará encontrarlo, ya que otra especie diferente tal vez no dará el mismo resultado.
- Hay clases de quesos especialmente indicadas para fundir: cheshire, mozzarella, parmesano, gruyère, emmenthal y fontina. Los brie y camembert frescos tenderán a formar hilos de consistencia gomosa, por lo que es preferible elegirlos ya maduros.
- Si vamos a emplear un queso en la preparación de una salsa, previamente lo rallaremos finamente, ya que así se fundirá más pronto.

¿Qué encontraremos?

- Los quesos duros van desde el parmigiano reggiano (parmesano) y el romano hasta los menos duros como el cheddar, el provolone, el emmenthal y el gruyère.
- En la categoría de los semiduros vale la pena citar los port-salut, fontina, haloumi y edam.
- Los quesos blandos: los brie y camembert tienen un núcleo tierno (y fácil de fundir cuando está curado) dentro de una corteza blanca de aspecto aterciopelado. Los pont l'Evêque, taleggio y livarot tienen corteza lisa de color anaranjado y masa no tan blanda. En cuando al sabor, varían entre suave y fuerte.
- Los no curados, o frescos, como el requesón, el queso de Burgos, el fromage blanc, el mascarpone, el mozzarella y el ricotta, tienen aroma a leche y textura cremosa.
- Dentro de los azules, hay que distinguir los duros como los stilton y shropshire y los blandos como el roquefort y el bleu de Bresse, hasta llegar a la bella consistencia cremosa de las tortas de dolcelatte. Con una mínima cantidad de estos se obtienen resultados espectaculares.
- Los quesos de cabra suelen ser muy frescos y blandos, como los crottin y chèvre, en forma de pirámides o de rulos. Las variedades curadas son duras y de mayor tamaño.

empanadillas de queso de cabra, puerro y tapenade

55 g de mantequilla
2 puerros a rodajas finas
4 hojuelas de pasta filo
1 cucharada de tapenade
2 pequeños ramitos de tomillo
2 pequeños quesos de cabra o 2 cortes gruesos de barra (100 g)

Raciones: 2 Preparación: 40 minutos

Calentar el horno a 180 °C. Fundir la mitad de la mantequilla en un cazo, agregar los puerros y removerlos para que se empapen de mantequilla. Cocerlos a fuego lento hasta dejarlos completamente tiernos. Tardan mucho más de lo que parecería a primera vista, por lo menos 10 minutos.

Poner un cuenco en el microondas con el resto de mantequilla para que se funda, o en un cazo pequeño. Disponer una de las hojuelas sobre la tabla, el lado corto mirando hacia el cocinero. Pintar la harina con mantequilla fundida. Cubrir con otra hojuela y tapar con una servilleta para evitar que se reseque la masa.

Cuando los puerros estén cocidos, destapar la pasta. Se extiende la mitad de la tapenade en el centro de cada una de las piezas de pasta, dejando un borde ancho alrededor. Se reparten los puerros entre las dos, disponiéndolos sobre la tapenade. Rematar con una porción o loncha de queso de cabra y añadir un ramito de tomillo.

Levantar el borde inferior de la pasta y los dos lados para formar una bolsa alrededor del relleno. Seguidamente, levantar el borde superior, cerrar y dar la vuelta a la empanada. Hacer lo mismo con la otra porción. Pintarlas con el sobrante de la mantequilla y meterlas en el horno durante 20 minutos. La pasta debe quedar dorada y crujiente, y el relleno fundido y cremoso. Se sirven acompañadas de un poco de ensalada.

tostada con queso y coliflor

4 rebanadas gruesas de chapata
1 diente de ajo
400 g de coliflor desmenuzada
60 g de queso gruyère rallado
60 g de queso cheddar rallado
2 cucharaditas de mostaza de Dijon
1 huevo batido
1 cucharada de cerveza
2 cucharadas de crema de leche

Raciones: 2 Preparación: 20 minutos

Gratinar la chapata. Cortar el ajo y frotar una cara de cada rebanada.

Hervir agua y cocinar la coliflor 5 minutos. Escurrir.

Mezclar los quesos, la mostaza, el huevo, la cerveza y la crema. Poner las tostadas en una bandeja para el horno y con un poco de coliflor encima. Repartir la mezcla con queso y cubrir la coliflor de cada tostada. Gratinar las tostadas hasta que se doren y la guarnición empiece a burbujear.

bocadillo gratinado de queso, beicon y alioli

½ hogaza de chapata o pan turco
1 diente de ajo chafado
3 cucharadas de mayonesa
2 a 4 lonchas de beicon
8 tomates semisecos a rodajas
1 cucharada de alcaparras picadas
4 a 6 lonchas de queso cheddar

Raciones: 2 Preparación: 10 minutos

Cortar la media hogaza por la mitad horizontalmente, y luego en dos partes iguales. Gratinar todas las porciones. Para elaborar el alioli, mezclar el ajo en la mayonesa y salpimentar.

Untar de alioli las caras interiores de cada bocadillo. Disponer para cada porción una o dos lonchas de beicon y repartir entre ambas los tomates y las alcaparras. Recubrir con lonchas de queso y colocarlo todo en una bandeja para el horno. Gratinar los bocadillos hasta que el queso se funda y empiece a burbujear; cubrir cada bocadillo con su tapa. Cortar diagonalmente ambos bocadillos y ¡a disfrutar!

nachos gratinados

330 g de nachos
2 tomates finamente troceados
1 cebolla roja finamente picada
2 pimientos jalapeños a tiras finas
1 cucharada de zumo de lima
2 cucharadas de cilantro picado
140 g de queso feta a migas

Raciones: 2 Preparación: 10 minutos

Disponer los nachos en dos platos a prueba de horno (sirven los metálicos esmaltados de camping) y gratinar.

Esparcir sobre los nachos el tomate, la cebolla, el pimiento jalapeño, el cilantro y los grumos de queso feta.

Gratinarlos hasta que empiecen a tostarse los bordes y a fundirse el queso. Servir caliente.

fattoush con haloumi frito

1 pepino pequeño
2 panes de pita
1 diente de ajo chafado
1 cucharada de zumo de limón
3 cucharadas de aceite de oliva
2 cebollas escalonias en rebanadas
2 tomates cortados a dados
1 pimiento verde cortado a cuadritos
1 ramillete de perejil picado
1 cucharada de menta picada
1 cucharada de orégano picado
zumaque (opcional)
500 g de queso haloumi en 4 lonchas

Raciones: 2 Preparación: 15 minutos

Poner en marcha el gratinador. Pelar el pepino, cortarlo longitudinalmente en cuatro partes y cada una de éstas a rebanadas gruesas. Pasarlas a un colador y salar, para reducir el exceso de líquido y evitar que nos inunde la ensalada.

Cortar por la mitad los panes de pita y tostarlos por ambas caras para que estén crujientes; desmigajarlos con las manos.

Preparar el aliño con ajo, zumo de limón y dos cucharadas de aceite. Lavar y escurrir el pepino. Disponer en una fuente el pepino, la escalonia, el tomate, el pimiento verde, el perejil picado, la menta y el orégano. Aliñar y remover a fondo.

Calentar la última cucharada de aceite en una sartén antiadherente. Freír el queso haloumi y dorar. Esparcir las migas de pan sobre la ensalada y remover.

La ensalada fattoush se sirve cubriendo con las lonchas de haloumi y dando un aliño final, si se quiere, con unas gotas de zumaque.

hortalizas asadas con huevos pochados y camembert

6 cebolletas o chalotas
4 cucharadas de aceite de oliva
1 atado de espárragos cortados a trozos de unos 4 cm
2 calabacines cortados a rodajas gruesas
1 berenjena cortada a dados
4 dientes de ajo
1 cucharada de zumo de limón
2 huevos
125 g de queso camembert cortados a dados

Raciones: 2 Preparación: 40 minutos

Precalentar el horno a 200 °C. Pelar las chalotas y si son demasiado grandes, practicar dos cortes en cruz en cada una pero dejándolas enteras por la parte de la raíz. Esta se corta dejando el mínimo para evitar que se separen los cuartos.

Untar con aceite una bandeja para el horno y disponer la cebolla, los espárragos, los calabacines y la berenjena, junto con el ajo, y remover para mezclarlo todo. Sazonar con sal y pimienta al gusto. Poner la bandeja en el horno y dorar las hortalizas unos 20 minutos. Abrir el horno, remojar con el zumo de limón y asar durante 10 minutos más.

Mientras tanto, llenar de agua una cacerola grande y ponerla a fuego vivo, llevándola rápidamente a ebullición. Reducir el fuego para dejar un leve hervor, cascar un huevo en una taza y volcarlo con cuidado. Debe empezar a cuajar casi tan pronto como haya tocado el agua. Repetir la operación con el otro huevo, evitando que se peguen. No importa si se espachurran un poco dentro del agua. Reducir el fuego al mínimo y dejarlos 3 minutos.

Repartir las hortalizas entre dos platos aptos para el horno. Dividir el camembert en dos cantidades iguales y disponerlo sobre las hortalizas. Meter los platos en el horno durante un par de minutos para que empiece a fundirse el queso.

Coronar cada uno de los platos con un huevo pochado y un poco de pimienta negra.

pasta italiana

Pasta, ¿por qué?

Es una buena fuente de hidratos de carbono, y admite preparaciones sencillas, con las que fácilmente se logran presentaciones y sabores impresionantes.

¿Qué hay que buscar?

Es mejor usar pasta seca, si no contamos con un establecimiento de confianza donde adquirirla fresca.

- La pasta al huevo se elabora con huevos y una harina de trigo blando denominada 00, o doble cero.
- La pasta seca de buena calidad es de harina de trigo duro y agua.
- La pasta de alforfón se fabrica con una mezcla de harina de trigo y de alforfón o trigo sarraceno.
- La pasta de harina de trigo integral es de textura más gruesa y color más oscuro.

¿Cómo cocerla?

- En abundante agua salada, para que pueda dar vueltas y aumente de volumen.
- Si se añade aceite al agua evitaremos que se pegue la pasta pero puede ocurrir que luego la salsa gotee y se separe con demasiada facilidad.
- Debe cocerse al dente, es decir evitando que se reblandezca en exceso. Se ha de notar una cierta consistencia en la boca. Conviene ir probándola durante la cocción ya que a veces las instrucciones de los paquetes dan tiempos de cocción algo exagerados.
- Es mejor escurrirla con rapidez y servirla todavía un poco húmeda para evitar que se pegue.

¿Qué encontraremos?

- Las estrellitas y maravillas son específicas para preparar sopas pero también pueden ponerse en las ensaladas o servirse acompañando platos de carne o pollo. Son pastas secas embolsadas o empaquetadas.
- Las pastas largas de aspecto tubular, espaguetis, bavette y capellini se acompañan con salsas sencillas y que se adhieran bien. Son pastas secas, aunque a veces se encuentran frescas en establecimientos especializados.
- Las formas cortas como macarrones, penne, farfalle (lacitos, mariposas) y conchiglie (conchas) casan con salsas espesas y pistos, que quedan atrapados en al hervir el agua. Se venden generalmente como pastas secas.
- Las pastas rellenas como los tortellini y ravioli piden un aliño muy ligero, como un poco de mantequilla o aceite, que permita apreciar el sabor del relleno. Se encuentran tanto secas como frescas.

lasaña de beicon, alcachofa y espinacas

1 cucharada de mantequilla
1 cucharada de harina
1 cucharada de nuez moscada recién rallada
310 ml de leche
1 hoja de laurel
1 cucharada de aceite de oliva
1 diente de ajo chafado
125 g de espinacas baby
3 hojuelas frescas de lasaña grandes
6 lonchas de beicon
4 corazones de alcachofa rebanados
2 cucharadas de queso parmesano rallado

Raciones: 2 Preparación: 1 hora

Precalentar el horno a 180 °C. Fundir la mantequilla en un cazo a fuego reducido. Agregar, agitando, la harina y la nuez moscada, y seguir removiendo constantemente durante 1 minuto, tras lo cual retirar el cazo del fuego y añadir la leche sin dejar de remover. Agregar la hoja de laurel y poner otra vez el cazo a fuego muy reducido, mezclando con frecuencia para impedir que se formen grumos. La salsa bechamel debe tomar la consistencia de una crema espesa. Se le da un minuto más de cocción, o dos, para que la harina quede bien cocida. De lo contrario la salsa sabría a harina cruda. Sazonar con sal y pimienta, y quitar la hoja de laurel.

Calentar el aceite de oliva en la sartén, agregar el ajo y sofreír durante 1 minuto antes de echar las espinacas. Remover y continuar hasta que se arruguen las hojas. Calentar las hojuelas de lasaña en una cacerola grande con agua salada hirviendo durante 3 minutos, y escurrirlas bien. Recortarlas a la medida de un plato cuadrado de 15 cm de lado que pueda ponerse al horno.

Echar una cucharada de salsa en el fondo del plato y extender sobre ella una hoja de lasaña. Añadir tres lonchas de beicon, la mitad de las espinacas y la mitad de las alcachofas. Mojar con un chorrito más de salsa. Cubrir con otra hoja de lasaña. A continuación, poner otra capa de relleno, y finalmente, como tapa, añadir la última hoja de lasaña. Verter sobre todo ello la salsa sobrante y espolvorear de parmesano.

Introducir la lasaña en el horno y reducir la temperatura a 170 °C. Dejar 30 minutos de horno más otros 5 para que se asiente antes de servir acompañada de unas hojas de lechuga.

linguine con tomates cherry asados

200 g de linguine
16 tomates cherry rojos
16 tomates cherry amarillos
1 cucharada de aceite de oliva
1 diente de ajo chafado
2 cebollas escalonias cortadas a rodajas
1 ramillete de cebollinos finamente picados
10 aceitunas negras
aceite extra virgen de oliva para aliñar

Raciones: 2 Preparación: 15 minutos

Cocer los linguine al dente. Cortar los tomates cherry por la mitad. Calentar el aceite y saltear el ajo y las escalonias; seguidamente agregar los tomates y mantenerlos a fuego vivo hasta que empiecen a arrugarse y a soltar su jugo. Añadir los cebollinos y las aceitunas, salpimentar y remover. Escurrir los linguine y pasarlos a una fuente. Cubrirlos con el sofrito de tomates cherry y espolvorear un poco de pimienta negra. Puede aliñarse con un chorrito de aceite.

ravioli de espinacas y ricotta

1 cucharada de aceite de oliva
1/2 cebolla roja finamente picada
1 diente de ajo chafado
100 g de hojas de espinaca baby
125 g de ricotta
1 yema de huevo batida
1 cucharada de queso parmesano rallado
nuez moscada recién rallada
24 hojuelas de wantun
1 cucharada de mantequilla
1 cucharada de hojas de salvia

Raciones: 2 Preparación: 40 minutos

Sofreír a fuego moderado unos minutos el ajo y la cebolla, hasta que esté traslúcida. Agregar la espinaca y remover un poco. Si sobra líquido en la sartén, apagar el fuego y poner la espinaca en un lado de la sartén, lo que facilita la evaporación. Mezclar la espinaca con la ricotta y la yema, removiendo y agregando al mismo tiempo el parmesano y un poco de nuez moscada, sal y pimienta.

Pintar con un poco de agua los bordes de una hojuela de wantun y disponer en el centro una cucharadita de relleno. Doblar la hojuela en forma de media luna y pegar los bordes apretado con firmeza. Pasar los ravioli a una servilleta extendida sobre el mármol a medida que los vayamos confeccionando. Hervir los ravioli. Cuando estén a punto, flotan en la superficie. Sacarlos y escurrirlos. Fundir la mantequilla, añadir la salvia y continuar a fuego lento hasta dorarla ligeramente. Pasar los ravioli a fuentes individuales y cubrir con la mantequilla aromatizada y fundida.

farfalle con gambas

300 g de farfalle
1 cucharada de aceite de oliva
1 chalota cortada a rodajas
14 gambas peladas y limpias
1 cucharada de zumo de limón
3 cucharadas de crema de leche
2 cucharaditas de piel de limón rallada
1 cucharada de crema de rábanos picantes
1 cucharada de perifollo en hoja

Raciones: 2 Preparación: 15 minutos

Cocer las farfalle al dente.

Calentar el aceite y saltear durante un minuto las chalotes. Agregar las gambas. Freír a fuego intenso 2 o 3 minutos. Añadir el zumo de limón y remover. Apagar el fuego, y dejar los ingredientes en la sartén. Batir la crema en una fuente hasta que empiece a espesar. Al acabar, añadir la piel del limón, la crema de rábano picante y el perifollo. Escurrir las farfalle y volcarlas en una fuente. Agregar las gambas y el zumo de limón. Añadir la mezcla de crema. Removerlo todo y salpimentar.

espaguetis a la puttanesca

200 g de espaguetis
1 cucharada de aceite de oliva
1/2 cebolla finamente picada
1 diente de ajo cortado a rodajas finas
1 chile rojo pequeño despepitado y cortado
3 filetes de anchoa finamente picados
200 g de tomate de lata triturado
1 cucharada de orégano finamente picado
8 aceitunas negras partidas y deshuesadas
1 cucharada de alcaparras baby
un puñado de hojas de albahaca

Raciones: 2 Preparación: 15 minutos

Cocer los espaguetis al dente.

Calentar el aceite y agregar la cebolla, el ajo y el chile. Sofreír a fuego moderado hasta que la cebolla esté tierna. Añadir las anchoas y dar 1 minuto más de cocción. Agregar el tomate, el orégano, las mitades de aceituna y las alcaparras. Cuando rompa a hervir la salsa, reducir el fuego, salpimentar, y tenerla a fuego mínimo otros 2 minutos.

Escurrir los espaguetis y agregarlos a la salsa. Remover, espolvorear con albahaca y servir.

minestrone al pesto

1 cucharada de aceite de oliva
1 cebolla pequeña finamente picada
1 diente de ajo finamente picado
1 cucharada de perejil finamente picado
55 g de panceta cortada a dados
1 tallo de apio partido por la mitad y luego en rodajas
1 zanahoria cortada a rodajas
1 cucharadita de puré de tomate
200 g de tomate triturado de lata
1 litro de caldo de pollo o de verduras (4 tazas)
1 calabacín cortado a rodajas
2 cucharadas de guisantes
6 judías cortadas a trozos de 2 cm
un puñado de col tizada desmenuzada
2 cucharadas de pistones «ditalini»
100 g de alubias blancas de lata
2 cucharadas de pesto fresco (página 187)

Raciones: 4 Preparación: 55 minutos

Calentar el aceite en una cacerola grande y agregar la cebolla, el ajo, el perejil y la panceta. Saltear todo a fuego mínimo, removiendo una o dos veces, durante unos 10 minutos, o hasta que la cebolla quede tierna y dorada. Si el fuego de la cocina tiene un mínimo demasiado vivo, vigilar con atención y remover más a menudo.

Añadir el apio y la zanahoria, y saltear durante 5 minutos. Mientras se remueve, agregar la pasta de tomate y el tomate, con pimienta en abundancia, y seguidamente el caldo. Tenerlo a fuego lento hasta que hierva. Cubrir y cocerlo lentamente durante 30 minutos, removiendo una o dos veces.

Probar la sopa, a ver si está bien sazonada, y corregir en caso necesario. A continuación, incorporar los calabacines, los guisantes, las judías, la berza, la pasta y las alubias previamente escurridas. Cocer a fuego lento durante un par de minutos, hasta que la pasta quede al dente. En el momento de servir, añadir una cucharada de pesto en cada cuenco.

fideos

Fideos, ¿por qué?

Hechos de harina y agua o huevo, los fideos se encuentran en una gran variedad de sabores, grosores y texturas. Pueden ser consumidos como acompañantes, en sofritos, sopas y ensaladas, o en hojas para envolver rellenos.

¿Qué hay que buscar?

- Los fideos de huevo se venden tanto frescos como secos. Los fideos frescos se encuentran en las vitrinas de refrigeración y deben guardarse en la nevera porque contienen huevo crudo.
- Los fideos de trigo se venden normalmente secos, pero a veces se encuentran frescos. Los secos suelen ser un poco más duros.
- Los fideos de arroz se vende secos y frescos. Los frescos tienen que ser blandos y flexibles. Si se guardan en la nevera, se endurecen y deben ser ablandados en una vaporera o el microondas antes de usarlos.

¿Qué encontraremos?

- Los soba son fideos japoneses hechos con harina de alforfón. Son de color marrón.
- Los fideos de huevo se elaboran con huevos de pato o gallina y harina. Pueden usarse en sopas y sofritos. Los ramen son fideos de trigo que se usan en Japón para sopas.
- Los fideos de trigo están hechos de agua y harina y los hay en diferentes grosores. Los somen son fideos de trigo japoneses especialmente finos, mientras los udon son fideos más gruesos que se usan en la sopa.
- Los fideos chinos se llaman también fideos de cristal porque parecen transparentes. Se elaboran a base de almidón extraído de habas, se venden secos y son muy finos y resistentes.
- Los fideos de arroz son blancos y se venden en diferentes grosores. Los vermicelli son los más finos y los palitos de arroz son los más gruesos. Los rollitos de fideos son hojas de fideos de arroz frescos.

sopa de fideos ramen con char siu

150 g de fideos ramen delgados secos (4 nidos)
500 ml de caldo de pollo
2 cebollas escalonias troceadas
2 cucharadas de salsa de soja
200 g de char siu a trozos de unos 5 cm de largo
1 bok choy pequeña picada
aceite de sésamo para aliñar

Raciones: 2   Preparación: 10 minutos

Cocer los fideos en una cacerola grande con agua salada hirviendo durante unos 4 minutos, o hasta que estén tiernos, removiendo de vez en cuando para evitar que se peguen. El tiempo de cocción varía según las marcas.

Hervir el caldo de pollo en un cazo, añadir las escalonias y la salsa de soja. Provar el caldo y, si hay que reforzar el sabor, agregar un poco más de salsa de soja, pero sin exagerar ya que la sopa base debe quedar con un gusto más bien suave. Reducir el fuego al mínimo, dividir o cortar el char siu a trozos pequeños (bocados para comer con palillos).

Escurrir los fideos y repartirlos entre dos cuencos. Agregar la bok choy al caldo de pollo, y luego repartir el caldo y las hortalizas entre los dos cuencos. Disponer el char siu en la parte superior y aliñar con un poco de aceite de sésamo (tiene sabor fuerte, de manera que bastarán un par de gotas para cada ración).

fideos de arroz con ternera y pimientos

150 g de cadera o culata
1 diente de ajo chafado
1 1/2 cucharadas de salsa de ostras
1 cucharadita de azúcar
1 cucharada de salsa de soja
3 cucharadas de salsa china de alubias negras
1 cucharadita de harina de maíz
1/2 cucharadita de aceite de sésamo
600 g (frescos) o 300 g (secos) de fideos de arroz planos
1 cucharada de aceite
1 pimiento rojo troceado
1 pimiento verde troceado
1 puñado de cilantro en hoja

Raciones: 2   Preparación: 15 minutos

Cortar la pieza de carne a filetes delgados y marinar en una fuente con el ajo, la salsa de ostras, el azúcar, la salsa de soja, la salsa de alubias pintas, la harina de maíz y el aceite de sésamo, todo bien mezclado y procurando que se empapen bien los filetes.

Si se usan fideos de arroz secos, escaldar en agua hirviendo durante 10 minutos, o hasta que estén opacos y blandos (los muy secos pueden tardar un poco más).
Escurrir los fideos.

Calentar el aceite en un wok, o en una sartén corriente. Agregar los pimientos y saltear un minuto o dos hasta que empiecen a ablandarse. Incorporar enseguida la carne con la marinada y cocinar 1 minuto. Agregar los fideos removiendo a fondo. Continuar la cocción hasta que la carne quede a punto y todos los ingredientes se hayan calentado bien. Entonces añadir las hojas de cilantro y remover una vez más antes de apagar el fuego, y servir sin demora.

pollo estilo thai con fideos de cristal

2 cucharadas de crema de coco
½ cucharada de salsa de pescado
2 cucharaditas de azúcar de palma
1 pechuga de pollo sin piel y desmenuzada
60 g de fideos de cristal
1 tallo de limoncillo
2 hojas de lima kaffir
½ cebolla roja finamente picada
1 puñado de cilantro en hoja picado
1 puñado de menta picado
1 chile rojo grande a tiras
2 chiles finamente picados
1 cucharada de cacahuetes tostados y picados
1 lima cortada a mitades o cuartos

Raciones: 2 Preparación: 20 minutos

En un cazo o en el wok mezclar la crema de coco, la salsa de pescado y el azúcar de palma. Llevar a ebullición y agregar el pollo, que se cocerá a fuego lento, lo que no debe necesitar más de un minuto si se remueve un par de veces. Dejar que se enfríe el pollo con la salsa. Ablandar los fideos en agua hirviendo durante 1 minuto o 2; deben quedar blandos y traslúcidos cuando estén a punto. Escurrir y trocear con las tijeras.

Pelar el limoncillo hasta llegar al primer anillo color púrpura y cortarle la raíz. Practicar dos o tres cortes a través del bulbo e ir sacando rodajas finas hasta llegar a la parte dura, que se desecha. Quitar los tallos de las hojas de lima doblándolas por la mitad (la cara brillante hacia dentro) y tirando del tallo con fuerza. Enrollar un poco las hojas y cortarlas a tiras transversales muy finas.

Disponer todos los ingredientes excepto la lima en una fuente junto con los fideos y el pollo, con su salsa, y remover a fondo. Exprimir los trozos de lima sobre la fuente y volver a remover. (El aliño puede dejarse al gusto de los comensales sirviendo los trozos de lima, el azúcar, los chiles picados y la salsa de pescado aparte, como condimento.)

laksa de gambas

1 cucharada de aceite
2 cucharadas de pasta laksa
250 ml de leche de coco
250 ml de caldo de pollo
8 camarones o gambas, pelados y limpios
125 g de vermicelli de arroz (2 atados)
4 trozos de tofu cada uno cortado en 3
rodaja de 5 cm de pepino troceada
2 puñados de brotes de soja
menta en hoja
sambal oelek
gajos de lima

Raciones: 2 Preparación: 20 minutos

Calentar el aceite en el wok o en una cacerola y agregar la pasta laksa. Dependiendo de la marca, la cantidad será un poco mayor o menor que la indicada en esta receta. En vista de esta imprecisión, será mejor comenzar con poco y corregir cuando esté preparada la sopa base. Cocer la pasta a fuego medio, removiendo para que no se pegue, durante 2 o 3 minutos.

Añadir la leche de coco y el caldo de pollo. Cuando hiervan, darle 5 minutos más de fuego lento. Añadir las gambas, llevarlo de nuevo a ebullición, y luego reducir a fuego lento para cocer las gambas durante 3 minutos, con lo que tomarán coloración rosada y aspecto opaco cuando estén a punto.

Cocer los vermicelli 3 minutos en agua hirviendo. Escurrirlos y repartirlos en dos cuencos.

Repartir el tofu, el pepino y los brotes de soja y agregar a cucharadas la pasta laksa derretida. Disponer sobre ella un ramillete o dos de menta vietnamita y una pequeña cantidad de sambal oelek (poco, pues es muy picante). Servir acompañado de gajos de lima para aliñar al gusto.

arroces

Arroz, ¿por qué?

Es el alimento básico de más de la mitad de la población mundial. El arroz integral contiene más fibra y vitamina B que el blanco o descascarillado. El arroz acompaña a toda clase de platos y tiene preparaciones propias de mucho carácter, como al curry o a la stroganoff.

¿Cómo utilizarlo?

Hay que emplear el tipo de arroz que indique la receta, ya que el de grano corto no es equivalente al de grano largo y los platos no resultan igual si se cambia.

- Para platos con el arroz como ingrediente principal son mejores los de grano largo, y todavía más los aromáticos, como el basmati indio o el arroz al jazmín de Tailandia.
- Los arroces de grano corto se usan para los sushi, risottos y budines.
- Los arroces ricos en gluten se pegan y pueden ser de grano corto o largo.

¿Qué encontraremos?

- El basmati es un arroz indio de grano largo muy fragante e idóneo para los platos al curry. No se pega con la cocción.
- Hay varias especies de arroces para risotto: arborio, carnalori y vialone nano entre otras. Es de grano corto. Absorbe mucho líquido pero mantiene la forma y la consistencia.
- El arroz al jazmín es de grano largo, aromático, y se pega un poco en la cocción.
- El arroz negro es la variante thai más habitual. De grano largo, se usa para postres y toma con la cocción un color púrpura.
- El arroz rojo Camargue es de grano corto, con cascarilla de color pardo rojizo. Indicado para ensaladas.
- El arroz para budín es una variedad de grano corto que se vende expresamente para moldear.
- Los japoneses usan para el sushi un arroz de grano corto que se pega ligeramente.
- La denominación de arroz integral corresponde a distintas variedades de grano no descascarillado. Es más crujiente y tarda más en cocerse.

risotto de tomate asado

500 ml de caldo de pollo o de verduras
una pizca de azafrán
125 ml de vino blanco seco
1 cucharada de mantequilla
1 cebolla pequeña finamente picada
135 g de arroz para risotto
1 cucharada de aceite de oliva
1 diente de ajo chafado
200 g de tomates cherry (unos 20 tomatitos)
queso parmesano recién rallado
2 cucharadas de perejil finamente picado

Raciones: 2 Preparación: 25 minutos

Calentar el caldo en un cazo hasta que quiera empezar a hervir, para reducir entonces el fuego al mínimo. Echar el azafrán en el vino, como si lo pusiéramos en infusión.

Fundir la mantequilla en una sartén grande, honda y de base pesada, y sofreír la cebolla hasta dejarla tierna pero sin llegar a dorarla. Agregar el arroz, reducir el fuego y remover bien los granos para empapar de sofrito.

Añadir el vino con azafrán al arroz. Bajar el fuego al nivel medio, removiendo el arroz, hasta que haya absorbido todo el líquido. Agregar el caldo caliente, un par de cucharones cada vez, sin dejar de remover, para homogeneizar la cocción del arroz y que suelte parte de su almidón. Esto confiere al risotto su consistencia cremosa.

Mientras se cuece el arroz, calentar aceite en un cazo, añadir el ajo y los tomates, y los sofreímos 2 o 3 minutos a fuego medio, hasta que los tomates se ablanden y aparezcan reventones en la piel. Sazonar con generosidad.

Una vez añadido todo el caldo al arroz, probarlo para ver si está al dente. Es imposible prever la cantidad de líquido que se necesita porque el risotto siempre es diferente. Si no está bien cocido y ya no queda caldo, se añade agua. La cocción debe terminar cuando el arroz haya quedado tierno pero todavía con un poco de textura o firmeza en el centro de los granos. Probar para corregir de sazón en caso necesario. Añadir dos cucharadas de parmesano y el perejil, removiendo. Con ayuda de una cuchara grande, coronar con los tomates y espolvorear sobre estos un poco más de parmesano. Servir sin pérdida de tiempo.

arroz frito con gambas

100 g de arroz de grano largo
2 huevos
1 cebolla escalonia picada
2 cucharadas de guisantes
1 cucharada de aceite
6 espárragos cortados a trozos de unos 3 cm
15 gambas peladas, limpiadas y cortadas en mitades a lo largo
aceite de sésamo

Raciones: 2 Preparación: 20 minutos

Cocer el arroz a fuego lento 12 minutos, o hasta que esté hecho. Escurrirlo. Batir los huevos con la escalonia y una pizca de sal.

Cocer los guisantes a fuego lento. Escurrir y agregar al arroz. Calentar el wok a fuego muy vivo, añadir el aceite y calentarlo. Incorporar los espárragos y las gambas, y freír removiendo hasta que las gambas tomen un color rosado. Reducir el fuego, agregar el huevo y remover. Antes de que el huevo haya cuajado, añadir el arroz y los guisantes, y avivar el fuego. Remover. Sazonar con sal y aliñar con aceite de sésamo. Remover.

risi e bisi

560 ml de caldo de pollo o verduras
1 cucharada de mantequilla
1 cebolla pequeña finamente picada
50 g de panceta cortada a daditos
1 cucharada de perejil finamente picado
150 g de guisantes
100 g de arroz para risotto
queso parmesano recién rallado

Raciones: 2 Preparación: 35 minutos

Calentar el caldo en una cacerola hasta que arranque el hervor y dejarlo a fuego lento. Fundir la mantequilla en una cazuela, y sofreír la cebolla y la panceta hasta que la cebolla quede tierna. Añadir el perejil y los guisantes, y remover.

Añadir dos cucharones de caldo a la cazuela y dejar a fuego lento de 6 a 8 minutos. Agregar el arroz y el resto del caldo. Cocer lentamente hasta que el arroz quede al dente y haya absorbido la mayor parte del caldo. Agregar un puñado de parmesano, removiendo, corregir de sazón y servir.

pulao de cebolla frita y pollo picante

500 ml de caldo de pollo
3 cucharadas de aceite
3 barritas de cardamomo
1 pieza de 5 cm de canela en rama
2 clavos
4 granos de pimienta negra
135 g de arroz basmati
2 puñados de cilantro en hoja
1 cebolla cortada a rodajas finas
1 cucharadita de curry en pasta
½ cucharada de puré de tomate
1 cucharada de yogur
200 g de filetes de pechuga de pollo sin piel, cortados a tiras
yogur natural espeso
chutney de mango

Raciones: 2 Preparación: 30 minutos

Hervir el caldo en un cazo. En una cacerola grande, a fuego medio, calentar una cucharada de aceite. Agregar el cardamomo, la canela, los clavos y los granos de pimienta, y saltearlo todo durante 1 minuto. Calentar una cucharada de aceite en una sartén, y freír la cebolla. Avivar el fuego y seguir friendo hasta que tome un color pardo oscuro. Escurrir la cebolla y echarla en el arroz. Mezclar el curry en pasta, el puré de tomate y el yogur, agregar los trozos de pollo y remover. Calentar en una sartén el resto del aceite. Saltear el pollo a fuego intenso, hasta que se tueste. Servir el arroz con los trozos de pollo, el yogur y la salsa chutney de mango.

arroz con salmón

500 ml de caldo de pescado o vegetal
2 filetes de salmón
mantequilla
1 cucharada de aceite
1 cebolla picada
1 cucharadita de curry de Madrás en pasta
100 g de arroz de grano largo
1 huevo hervido y cortado en gajos
2 cucharadas de perejil picado
2 cucharadas de crema de leche
gajos de limón

Raciones: 2 Preparación: 30 minutos

Echar el caldo de pescado en una sartén. Disponer los filetes de salmón en el caldo, poner una tapadera a la sartén y cocer a fuego muy bajo durante 3 minutos. Sacar el salmón del caldo y desmigajarlo en trozos grandes. Fundir la mitad de la mantequilla junto con el aceite. Agregar la cebolla y cocer a fuego lento que esté traslúcida. Añadir el curry en pasta, removiendo, al arroz, y mezclarlo bien todo. Añadir el caldo de pescado, remover, y dejar que hierva. Cocer el arroz a fuego reducido tapado durante unos 8 minutos. Añadir el salmón, tapar y cocer otros 5 minutos; debe haberse absorbido todo el líquido. Si el arroz está seco pero crudo todavía, añadir un chorrito de agua hirviendo y continuar la cocción 1 o 2 minutos.

Agregar, removiendo, el resto de la mantequilla, el huevo, el perejil y la crema. Acompañar con limón para aliñar.

risotto de calabaza con queso feta

2 cucharadas de aceite de oliva
6 dientes de ajo sin pelar
1 ramillete de tomillo
½ calabaza pelada y la pulpa cortada a dados
500 ml de caldo de pollo o de verduras
1 cucharada de mantequilla
1 cebolla pequeña finamente picada
135 g de arroz para risotto
125 ml de vino blanco seco
2 cucharadas de perejil finamente picado
60 g de queso feta
queso parmesano recién rallado

Raciones: 2 Preparación: 25 minutos

Precalentar el horno a 200 °C. Echar el aceite en una bandeja de asar y agregar el ajo, el tomillo y la calabaza. Remover para empaparlos bien de aceite y sazonar. Asar en el horno durante unos 25 minutos, revolviendo de vez en cuando. Retirar las pieles de los dientes de ajo, pero dejándolos enteros. Desechar el tomillo.

Calentar la salsa en un cazo hasta que apunte el hervor, y dejarla seguidamente a fuego mínimo. Fundir la mantequilla en una sartén grande, honda y de fondo recio, y sofreír la cebolla hasta que esté tierna, pero sin dorarla. Agregar el arroz, reducir el fuego al mínimo y remover para empapar de mantequilla todos los granos.

Añadir el vino al arroz, pasar a fuego medio y cocer el arroz, removiéndolo, hasta que haya absorbido todo el líquido. Agregar el caldo caliente, de dos en dos cucharones cada vez, sin dejar de remover, con el fin de que todos los granos se cuezcan por igual y suelten parte de su almidón. Esto confiere al risotto su consistencia cremosa.

Una vez añadido todo el caldo, se ha de comprobar que el arroz esté al dente. La cantidad de líquido necesaria no puede preverse con exactitud porque el risotto siempre es diferente. Si falta cocción y ya no queda caldo, se puede añadir agua. Quitar el arroz tan pronto como los granos aparezcan blandos pero todavía con un poco de consistencia interior. Corregir de sazón en caso necesario. Agregar, removiendo la calabaza, el ajo, el perejil y el feta, chafando ligeramente las hortalizas mientras se remueve. Se sirve con un bol de parmesano rallado.

pollo

Pollo, ¿por qué?

La carne del pollo es blanca y tierna, y se guisa con facilidad. Puede comprarse entero o a cuartos, y admite una infinidad de sabores.

¿Qué hay que buscar?

- Debemos intentar comprar pollos de granja, que tal vez no habrán sido objeto de cría intensiva y probablemente tendrán más sabor.
- La carne de pollo criado con maíz presenta una coloración amarillenta pero el sabor suele ser igual que el de los pollos corrientes.
- En algunos establecimientos se encuentra pollo de granja de calidad superior y crianza ecológica.

¿Cómo utilizarlo?

Hay muchos métodos para cocinarlo pero lo más importante en cualquier caso es que la cocción sea completa, es decir, sin presencia de sangre cruda en los jugos. Para comprobarlo mientras se está cociendo, puede clavar un cuchillo de hoja ancha en cualquier trozo. Los jugos deben aparecer completamente limpios.

Conservación

- Guardarlo en la bandeja más baja del frigorífico, y en un recipiente que no gotee.
- Los pollos congelados tienen que descongelarse completamente antes de cocinarlos.

¿Qué encontraremos?

- Pechuga: esta carne blanca puede adquirirse con o sin la piel, deshuesada o no, o en forma de «supremas» (media pechuga con el alón). Cada pechuga consta de una pieza principal con otra más pequeña por debajo llamada «falso filete». Se cuece en la mitad de tiempo que otras partes, y como la carne tiende a ser bastante seca, hay que remojarla durante la cocción o reducirla.
- Pata: la pierna tiene la carne de color algo más oscuro y, por lo general, viene con la piel. Buena para guisos estofados o al rescoldo y para comer con los dedos.
- Muslos: deshuesados o no, y con o sin piel, de carne oscura y más sabrosa que la de pechuga. Buenos para guisar al curry, para freír y para asar al rescoldo o en la barbacoa.
- Pollo entero: los hay de diferentes tamaños y se venden con o sin los menudillos (nos acordaremos de sacarlos y guardarlos, en su caso).
- Poussin: pollo entero de muy corta crianza; sírvase medio o uno entero por comensal.
- Spatchcock: pollo pequeño enteramente abierto y deshuesado, para asar al rescoldo o en la barbacoa.

pollo asado con ajo y patatas

1 pollo mediano
1 cucharada de mantequilla ablandada
1 limón partido por la mitad
1 cebolla cortada a rodajas gruesas
6 patatitas partidas por la mitad
6 dientes de ajo sin pelar
4 ramilletes de tomillo
2 cucharadas de aceite de oliva
250 ml de caldo de pollo

Raciones: 2 Preparación: 1 hora y ½

Precalentar el horno a 200 °C. Lavar el pollo bajo el grifo y quitarle todo exceso de grasa (alrededor del orificio del cuello), así como la rabadilla. Pasar con cuidado la mano debajo de la piel de la pechuga para aflojarla (hay una membrana hacia la parte central, que debe romperse con los dedos o bien rodearse por uno y otro lado). Una vez ahuecada la piel, introduciremos la mantequilla empujando para repartirla bien.

Exprimir medio limón remojando el pollo, e introducirlo finalmente dentro de este, junto con un par de rodajas de cebolla. Atar las patas del pollo. Disponer el resto de la cebolla en el fondo de una bandeja para el horno, colocar encima el pollo, y alrededor de este las patatas, el ajo y el tomillo. Mojar con unas gotas de aceite de oliva, sazonar e introducir el pollo en el horno para asarlo durante 1 hora. Controlar una o dos veces para que no se queme y, en ese caso, cubrirlo con un trozo de lámina de aluminio.

Transcurrida la hora, levantar una pata del pollo y, si vemos que suelta un jugo claro, nos indicará que se halla en su punto. Si los jugos tienen todavía un color rosado, debe continuar la cocción otros 15 minutos. Verificar de nuevo. Sacar el pollo de la bandeja y meter otra vez las patatas, para darles 20 minutos más de horno. Para evitar que se enfríe el pollo lo cubriremos con papel de aluminio o con una servilleta.

Pasar el pollo a una bandeja de servir y exprimir sobre él la otra mitad del limón. Decorarlo con las patatas y el ajo. En la bandeja del horno habrán quedado los jugos de la cocción con la cebolla y el tomillo. Calentar en el fogón con poca llama y agregar el caldo. Llevar a ebullición, removiendo y rascando el fondo con la cuchara, y pasar a una salsera.

pollo gratinado con pimiento y cuscús

100 g de cuscús instantáneo
1 cucharada de aceite de oliva
½ cebolla finamente picada
1 calabacín cortado a rodajas
2 pimientos asados verdes o rojos cortados a tiras
6 tomates semideshidratados picados
½ cucharada de piel de naranja rallada
6 cucharadas de zumo de naranja
1 puñado de menta picada
4 muslos o 2 pechugas de pollo con la piel
1 cucharada de mantequilla ablandada

Raciones: 2 Preparación: 25 minutos

Calentar el gratinador. Llevar a ebullición en una cacerola 250 ml de agua, echar el cuscús, retirar el recipiente del fuego y dejar aparte durante 10 minutos.

Calentar el aceite en una sartén y sofreír la cebolla y el calabacín hasta dorarlos ligeramente. Añadir el pimiento y los tomates, y acto seguido el cuscús, removiendo. Agregar la corteza rallada sin dejar de remover, así como 2 cucharadas del zumo de naranja, y la menta.

Disponer el pollo en una fuente plana para el horno y pintarlo con la mantequilla. Remojar con el zumo de naranja restante y sazonar con sal y pimienta. Gratinar el pollo durante 8 a 10 minutos, dándole la vuelta cuando haya transcurrido la mitad de ese tiempo. La piel debe estar crujiente y de color dorado oscuro.

Se sirve el pollo sobre el cuscús y se vierte finalmente todo el jugo sobrante de la cocción.

ensalada vietnamita de pollo

1 pechuga o dos muslos de pollo cocido
1 cucharada de zumo de lima
1 cucharada de caldo de pescado
1 pizca de azúcar
1 chile finamente picado
1 diente de ajo chafado
1 chalota cortada a rodajas finas
1 puñado de brotes de soja
1 puñado de col rizada china desmenuzada
2 cucharadas de menta vietnamita o menta en hoja finamente picada

Raciones: 2 Preparación: 10 minutos

Deshuesar la carne y desmenuzarla con los dedos. La piel y los huesos se desechan.

Mezclar el zumo de lima, el caldo de pescado, el azúcar, el chile, el ajo y la chalota.

Calentar agua en una cacerola hasta que hierva y echar los brotes de soja. Al cabo de 10 segundos, escurrir y enfriar bajo el grifo para cortar la cocción.

Mezclar los brotes de soja con la col china, la menta y el pollo. Echar el aliño en la ensalada y remover a fondo.

pollo salteado con jengibre y anacardos

1 cucharada de aceite
4 cebollas escalonias troceadas
2 dientes de ajo chafados
un trozo de jengibre de 4 cm finamente desmenuzado
1 pechuga de pollo sin piel cortada a tiras
1 pimiento rojo a tiras
12 tirabeques
un puñado de anacardos
1 cucharada de salsa de soja
1 cucharadita de aceite de sésamo

Raciones: 2 Preparación: 10 minutos

Calentar el aceite en el wok hasta que eche humo; es cuestión de segundos. Agregar las escalonias, el ajo y el jengibre, y remover unos segundos. Añadir el pollo, removiendo, hasta que tome un color blanco. Echar el pimiento rojo, removiendo, luego los tirabeques y los anacardos. Seguir removiendo 1 minuto o poco más.

Cuando el pimiento rojo se haya ablandado añadir la salsa de soja, mezclar y volcar el frito en una fuente para servir.

Servir acompañado de fideos o arroz y salsa de soja.

pollo al curry verde

125 ml de crema de coco
2 cucharadas de curry verde en pasta
4 muslos de pollo sin piel o 2 pechugas cortados a trozos
125 ml de leche de coco
2 berenjenas thai o 1/4 de berenjena corriente, cortada a rodajas
1 cucharada de azúcar de palma o azúcar cande
1 cucharada de salsa de pescado
2 hojas de lima kaffir desmenuzadas
1 puñado de albahaca thai en hoja
1 chile rojo grande cortado a tiras
leche o crema de coco para aliñar

Raciones: 2 Preparación: 20 minutos

Poner el wok a fuego lento, echar la leche de coco y llevarla a ebullición. Remover un rato hasta que se separe el aceite. Evitar que se queme.

Agregar el curry verde en pasta, remover un minuto y añadir el pollo. Guisarlo hasta que tome color opaco y añadir entonces la leche de coco y la berenjena. Cocer 1 o 2 minutos para que se ponga tierna la berenjena. Agregar el azúcar, la salsa de pescado, las hojas de lima y la mitad de la albahaca, y mezclarlo todo bien.

Adornar con el resto de la albahaca y el chile, y alinear con un chorrito de leche o crema de coco. Servir en un bol acompañado de arroz.

bocadillo de pollo

1 filete de pechuga de pollo sin piel, abierto por la mitad en horizontal
1 cucharada de aceite de oliva
1 cucharada de zumo de limón
2 chapatas o panes turcos abiertos por la mitad en horizontal
1 diente de ajo cortado por la mitad
mayonesa
1 aguacate cortado a rodajas
1 puñado de hojas de rúcula quitando los tallos

Raciones: 2 Preparación: 10 minutos

Adelgazar la carne dándole con el puño, con la parte plana de un cuchillo, o con un mazo, sin romperla. Quitar todo rastro de grasa o tendones. Calentar el aceite en la sartén y freír los trozos de carne por ambos lados durante un par de minutos, o hasta que estén dorados y en su punto (comprobar practicando un corte en la parte central). Remojar con zumo de limón y retirar el pollo de la sartén. Disponer en ella el pan, con la miga hacia abajo, y freírlo un minuto presionando para aplanarlo y que recoja todos los jugos.

Retirar el pan de la sartén, frotar la superficie del pan con los medios dientes de ajo y recubrirla con mayonesa. Cubrir con un trozo de pollo o dos, sazonar, y disponer sobre estos una capa de aguacate y tomate, siempre sazonando, hasta rematar con las hojas de oruga. Cubrir con la otra mitad del pan y servir.

pollo picante y dulce

4 cucharadas de vinagre de arroz
5 cucharadas de azúcar glas
4 dientes de ajo chafados
1 pizca de copos de chile
½ cucharadita de cilantro molido
½ cucharadita de pimienta blanca molida
1 ramillete de cilantro finamente picado incluyendo raíces y tallos
2 cucharadas de aceite de oliva
1 cucharada de zumo de limón
4 muslos de pollo deshuesados y sin piel cortados por la mitad
1 cucharada de salsa de pescado
1 pepino pequeño pelado, cortado a rodajas

Raciones: 2 Preparación: 15 minutos

Echar el vinagre y 4 cucharadas de azúcar en un cazo pequeño, llevar a ebullición y dejar 1 minuto a fuego lento. Retirar la mixtura del fuego y añadir un diente de ajo chafado, los copos de chile y una pizca de sal. Dejar que se enfríe este aliño.

Calentar una sartén pequeña durante un minuto, y saltear otro minuto, removiendo, el cilantro y la pimienta molidos. Esto permite intensificar la fragancia de las especias. Agregar el resto del ajo, el cilantro fresco y una pizca de sal, seguidos de la mitad del aceite y todo el zumo de limón, formando una pasta con la que se untan los trozos de pollo.

Calentar el resto del aceite en el wok y freír los trozos de pollo por ambas caras durante unos 8 minutos, o hasta que estén a punto. Espolvorear con el resto del azúcar, mojar con la salsa de pescado y dar uno o dos minutos más de cocción hasta evaporar el exceso de líquido. Los trozos de pollo tendrán una consistencia pegajosa. Servir con las rodajas de pepino y un poco de arroz hervido, y aliñarlo todo con la salsa.

pollo asado con queso a las finas hierbas

4 cucharadas de crema de queso a las hierbas
1 cucharadita de piel de limón rallada
2 cuartos traseros (muslo y pierna) o pechugas de pollo con piel
1 puerro cortado a rodajas
1 chirivía cortada a rodajas
1 cucharada de aceite de oliva

Raciones: 2 Preparación: 50 minutos

Precalentar el horno a 200 °C. Mezclar la crema de leche con la piel de limón rallada. Aflojar la piel de los muslos o las pechugas e introducir dos cucharadas de crema de queso entre la piel y la carne. Alisar la piel y sazonarla.

Llevar agua a ebullición en un cazo grande y cocer durante 4 minutos el puerro y la chirivía. Escurrir bien las hortalizas y pasarlas a una bandeja para el horno. Remojarlas con aceite, sazonar, cubrirlas con el pollo e introducir la bandeja en el horno.

Asar durante 40 minutos, o hasta que la piel se haya dorado por entero y la mayor parte del queso se haya fundido, formando una salsa sobre las hortalizas. Comprobar el punto de cocción de estas con un cuchillo. Si necesitan un rato más, cubrir la bandeja con una hoja de aluminio y darle 6 minutos más de horno, envolviendo el pollo con una hoja de aluminio para que no se enfríe.

cazuela de pollo con aceitunas y tomates

1 cucharada de aceite de oliva
1 cebolla pequeña picada
1 diente de ajo chafado
5 trozos de pollo con la piel
2 cucharaditas de puré de tomate
1 vasito de vino blanco
1 pizca de azúcar
4 tomates grandes maduros picados
2 cucharadas de perejil picado
12 judías verdes, sin puntas y partidas por la mitad
1 docena de aceitunas

Raciones: 2 Preparación: 50 minutos

Calentar el aceite en una cazuela que resista bien el fuego y sofreír la cebolla 1 o 2 minutos. Agregar el ajo y el pollo hasta dorar completamente los trozos.

Añadir el puré de tomate y el vino blanco, así como el azúcar, y remover para mezclarlo todo. A continuación agregar el tomate, el jugo que haya sacado el pollo, el perejil y las judías. Llevar a ebullición y reducir el fuego al mínimo. Sazonar y cocer a fuego lento unos 30 minutos.

Agregar las aceitunas y dar otros 5 minutos de fuego lento. Ahora la salsa debe haberse espesado y el pollo estará en su punto. Rectificar de sal y pimienta en caso necesario y servir acompañado de unas patatas, pasta o arroz.

pescado y marisco

Pescado, ¿por qué?

Algunos lo consideran el alimento perfecto (bajo en calorías, rico en proteínas), pero su cocina se rehúye con frecuencia por considerarla demasiado difícil. La tentativa, sin embargo, vale la pena, porque en realidad es fácil cocinar el pescado, sobre todo en las modalidades de asado a la plancha, a la parrilla o frito. Esto abre un abanico de posibilidades: experiméntelas y descubra cuáles le gustan más.

¿Qué hay que buscar?

- El pescado entero huele a mar y presenta carnes firmes, escamas relucientes, y ojos brillantes y claros.
- Los cortes de pescado deben verse firmes y frescos, y la superficie del corte con aspecto húmedo, ni reseco ni de color oscurecido.

¿Qué encontraremos?

- El pescado entero va bien para preparar a la parrilla o la barbacoa porque se manipula sin romperse, pero recordemos que tendrá espinas.
- Los filetes pueden comprarse con o sin la piel; si quiere cocinarlos a la barbacoa, es mejor que los elija con la piel para que no se deshagan al asarlos.
- Los medallones se cortan generalmente de la parte más firme y pueden llevar o no la espina central y la piel. El atún y el pez espada son muy grandes y de ahí que se vendan cortes totalmente exentos de espinas. Las piezas de bacalao y salmón a veces son cortes transversales y por eso tienen forma de herradura.

El marisco, ¿por qué?

Los mariscos tienen una textura firme y jugosa, y un sabor dulce que proporciona un buen resultado con diferentes métodos de cocción. Al vapor se obtiene un sabor delicado. La plancha y la barbacoa los dejan casi caramelizados.

¿Qué hay que buscar?

- Es mejor que los crustáceos —excepto las gambas y los langostinos— se compren vivos, o congelados. Exhalan olor marino. Si huelen a pescado es que empiezan a deteriorarse.
- Los tamaños son muy variables: langostinos, gambas, camarones o quisquillas, etc. Las gambas pequeñas es mejor adquirirlas peladas. Los langostinos pueden cocerse con o sin cáscara, a elegir.
- Los moluscos, como los mejillones, almejas, navajas, vieiras y ostras, deben comprarse vivos. A fin de sacarlos de sus valvas, los pasaremos brevemente al vapor para que se abran.
- Las langostas y los centollos se adquieren vivos o precocidos. La mayor parte de la carne corresponde a la cola de la langosta y a las pinzas de los centollos.
- Los calamares, sepias y pulpos se venden limpios y preparados para cocinar, o enteros. Muchas veces, el calamar se vende en forma de anillos ya limpios que ofrecen una mayor facilidad en uso, en vez de tener que encargarnos de prepararlos.

trucha asada con cuscús y mantequilla al limón

100 g de cuscús instantáneo
1 cucharada de aceite de oliva
½ cebolla finamente picada
2 pimientos asados, verdes o rojos, picados
1 puñado pequeño de piñones
zumo y piel rallada de 1 limón
1 puñado de menta picada
2 filetes de trucha sin la piel
1 cuchara de mantequilla ablandada

Raciones: 2 Preparación: 25 minutos

Poner en marcha el gratinador. En una cacerola, llevar a ebullición 250 ml de agua, y echar el cuscús. Retirar el recipiente del fuego y dejarlo 10 minutos en reposo.

Calentar el aceite en una sartén y freír la cebolla hasta que esté dorada. Agregar el pimiento y los piñones, y luego el cuscús, removiendo. Sin dejar de remover, añadir la mitad del zumo y de la piel de limón así como la menta.

Disponer los filetes de trucha en una bandeja para el horno previamente aceitada. Mezclar la mantequilla con el resto de la corteza de limón y untar con ello el pescado. Gratinar durante 6 minutos o hasta dejarlo en su punto. Remojar con el zumo de limón restante y sazonar al gusto.

Servir la trucha (evitando desmigajarla, ya que le habremos quitado la piel) sobre el cuscús, tras remojar con toda la mantequilla restante.

mejillones al estilo thai

1 kg de mejillones
120 g de fideos de cristal
1 diente de ajo chafado
1 cebolla escalonia finamente picada
1 cucharada de curry rojo en pasta
4 cucharadas de crema de coco
el zumo de 1 lima
1 cucharada de salsa de pescado
1 puñado de cilantro en hoja

Raciones: 2 Preparación: 25 minutos

Lavar los mejillones en agua corriente y quitarles el biso (las «barbas»). Revisarlos uno a uno. El que no esté bien cerrado, golpearlo un poco sobre el mármol para tratar de cerrarlo. Desechar los que no se cierren o tengan la concha rota.

Escaldar los fideos en agua hirviendo 1 minuto o 2. Deben volverse traslúcidos y blandos para que estén en su punto. Escurrirlos y, con las tijeras, cortar hasta que tengan la longitud conveniente.

Disponer los mejillones en una cacerola honda o un wok, junto con el ajo, la escalonia, la cebolla y 60 ml de agua. Cuando rompa a hervir, tapar el recipiente y cocer los mejillones durante 2 o 3 minutos, o hasta que todos se hayan abierto. Desechar los que continúen cerrados. Volcarlo todo, incluyendo los jugos, en un colador revestido con un trozo limpio de muselina. Reservar el líquido.

Devolver el líquido a la sartén o cacerola, agregar el curry en pasta y la crema de coco. Remover y, cuando la mezcla empieza a hervir, incorporar el zumo de lima y la salsa de pescado. Devolver los mejillones a este recipiente y cocinar durante 1 minuto. Por último, remover y añadir las hojas de cilantro.

Disponer una cantidad de fideos en cada cuenco y llenar de mejillones.

ensalada niçoise

4 pequeñas patatas para ensalada
12 judías verdes pequeñas cortando los rabillos y partidas por la mitad
4 cucharadas de aceite de oliva
200 g de filete de atún cortado a dados
1 diente de ajo chafado
½ cucharadita de mostaza de Dijon
1 cucharada de vinagre de vino blanco
un par de puñados de hojas de lechuga
6 tomatitos cherry cortados por la mitad
8 aceitunas negras
1 cucharada de alcaparras escurridas
2 huevos duros cortados a cuartos
4 anchoas cortadas por la mitad
gajos de limón

Raciones: 2 Preparación: 25 minutos

Cocer las patatas en agua salada hirviendo durante unos 10 minutos o hasta que se pongan tiernas. Escurrrirlas, cortarlas a cuartos y pasarlas a una fuente. Hervir las judías en agua salada durante 3 minutos, escurrirlas y enfriarlas bajo el chorro del grifo durante 1 minuto (para evitar que se ablanden demasiado). Agregarlas a las patatas.

Calentar una cucharada de aceite de oliva en la sartén y freír los dados de atún unos 3 minutos, o hasta dorarlos por todas partes. Agregarlos a las patatas y las judías.

Batir el ajo, la mostaza y el vinagre. Sin dejar de batir, ir añadiendo el aceite en forma de chorro delgado y continuo. Sazonar. También se puede preparar el aliño introduciendo todos los ingredientes en un tarro con tapa de rosca y sacudiendo con fuerza durante 1 minuto.

Cubrir el fondo de una fuente ancha con hojas de lechuga. Cubrirlas a su vez con las patatas, las judías, el atún, los tomates, las aceitunas y las alcaparras, y aliñar. Decorar con los trozos de huevo duro y las anchoas. Exprimir un poco de limón sobre la ensalada.

gambas al ajillo con chiles

2 cucharadas de aceite de oliva
3 dientes de ajo chafados
½ cebolla roja finamente picada
2 chiles secos abiertos por la mitad y sin semillas
16 gambas grandes peladas y limpias, dejando las colas
2 tomates finamente picados
1 puñado de perejil o cilantro picado

Raciones: 2   Preparación: 15 minutos

Calentar el aceite en una sartén pequeña, o en una cazuela no muy honda y que luzca cuando se presente en la mesa. Agregar el ajo, la cebolla y el chile, sofreír, añadir las gambas y cocinar unos 4 minutos, hasta que adquieran un color rosado.

Una vez que las gambas estén en su punto, agregar el tomate y dejar un minuto o dos. Sazonar con sal y remover. Llevar la cazuela a la mesa, en donde habremos colocado de antemano un soporte que no se queme. Acompañar de pan para mojar.

vieiras con salsa de aguacate

½ aguacate
1 tomate
¼ cebolla roja
1 chile rojo pequeño
1 puñado de cilantro picado
2 cucharadas de zumo de naranja
8 vieiras grandes o 12 pequeñas, con concha
1 cucharada de aceite de oliva
1 diente de ajo chafado

Raciones: 2   Preparación: 15 minutos

Cortar el aguacate, el tomate y la cebolla roja a dados de igual tamaño. Picar el chile lo más fino que se pueda. Remover con cuidado para mezclar todo, y agregar al mismo tiempo el cilantro y 1 cucharada de zumo de naranja.

Abrir las vieiras con la punta de un cuchillo y quitarles la arena y la cinta negra que tienen alrededor, la cual se encogería alrededor del molusco al cocinarlo.

Echar el aceite en una sartén y, cuando esté muy caliente, agregar las vieiras y el ajo. Al cabo de 1 minuto, dar la vuelta a las vieiras y sofreírlas por el otro lado. Echar en la sartén el zumo de naranja restante y remover con rapidez: debe evaporarse casi enseguida.

Servir las vieiras sobre el fondo de ensalada de aguacate.

ostras al vapor con jengibre y soja

12 ostras con o sin concha
1 trozo de jengibre de 1 cm finamente desmenuzado
1 cebolla escalonia finamente desmenuzada
½ chile rojo finamente desmenuzado
3 cucharaditas de salsa ligera de soja
aceite de sésamo

Raciones: 2   Preparación: 10 minutos

Repartir las ostras en dos bandejas recubiertas de una capa gruesa de sal gema si es posible, para evitar que se vuelquen y derramen sus jugos. Colocar cada bandeja en el cesto de la vaporera, que se dispondrá sobre una cacerola ancha con agua hirviendo a fuego lento. Tapar y poner al vapor durante 1 minuto. Ahora debe ser posible levantar la concha de las ostras, si la tenían.

Espolvorear un poco de jengibre, escalonia y chile sobre cada ostra, y agregar un cuarto de cucharadita de salsa de soja y una gota de aceite de sésamo a cada una. Dar otro minuto de cocción al vapor con la tapa puesta. Cuando estén al punto, las ostras habrán tomado un aspecto ligeramente opaco.

Servirlas sobre su fondo de sal gorda.

curry de gambas al estilo de Goa

1 cucharada de aceite
1 cucharada de curry en pasta
½ cebolla finamente picada
1 tomate picado
2 dientes de ajo picados
1 chile verde finalmente picado
trozo de jengibre de 1 cm rallado
1 cucharada de puré de tamarindo
2 cucharadas de crema de coco
10 gambas peladas y limpias

Raciones: 2   Preparación: 25 minutos

Calentar el aceite en una sartén honda y freír el curry en pasta durante 1 minuto aproximadamente, en cuyo momento debe empezar a exhalar su aroma. Agregar la cebolla y dorarla. A continuación agregar el tomate, el ajo, el chile verde y el jengibre, y sofreír a fuego lento, removiendo de vez en cuando, durante unos 10 minutos o hasta que el aceite se separe de la salsa.

Agregar el tamarindo a la sartén y llevarlo todo a ebullición ligera. Añadir la crema de coco, remover, sazonar.

Agregar ahora las gambas y llevarlo todo a ebullición ligera. (La salsa no es muy líquida pero debe estar muy caliente para cocer las gambas.) Cocerlas a fuego lento 3 minutos o hasta que tomen color rosado. Servir con arroz o panecillos indios.

hamburguesas de pescado al azafrán con salsa de nata

80 ml de leche
1 pizca de azafrán
250 g o 2 filetes de pescado blanco de tamaño mediano
2 patatas grandes cortadas a rodajas
1 diente de ajo sin pelar
1 cucharada de harina de trigo
2 cucharaditas de piel de limón rallada
1 puñado de perejil finamente picado
1 cucharada de crema de leche
4 cucharadas de nata líquida
1 cucharada de menta finamente picada
1 cucharada de mantequilla

Raciones: 2 Preparación: 35 minutos

Pasar la leche con el azafrán a una sartén y poner a fuego lento hasta que rompa a hervir. Agregar el pescado, subir un poco el fuego y guisar hasta que tome una apariencia opaca y desmenuzable. Darle la vuelta a la mitad del proceso, no importa que se deshaga. Sacarlo de la leche y colocarlo en una fuente, donde lo trocearemos con un tenedor. Reservar la leche.

Cocer las patatas con el diente de ajo en agua hirviendo durante 12 minutos a fuego lento, o hasta dejar tiernas las patatas. Escurrirlas y volver a colocarlas en el cazo. Pelar el ajo, agregarlo a las patatas, y machacar. Al mismo tiempo, añadir la leche con azafrán a través de un colador. Seguir machacando hasta obtener un puré suave, y agregar entonces, removiendo, el pescado, la harina, 1 cucharadita de corteza rallada de limón, el perejil y la crema. Sazonar bien.

Dividir la masa en cuatro pasteles de igual tamaño. No hay que moldearlos demasiado, no hace falta que estén perfectos. Una textura floja dará mejor sabor y se guisará con más facilidad. Pasar las porciones al frigorífico para que se enfríen mientras se prepara la nata a las hierbas.

Mezclar la nata líquida, el resto de la corteza rallada y las hierbas. Calentar la mantequilla en una sartén antiadherente y freír en ella los pasteles de pescado, 3 minutos por cada lado. Deben quedar con una bonita costra marrón y calentarse uniformemente. Servir acompañados con la nata líquida.

rollitos nori de salmón con fideos al sésamo

150 g de fideos soba
1 cucharadita de aceite de sésamo
1 cucharadita de semillas de sésamo
filete de salmón 10 x 15 cm, sin espina
1 hojuela de nori
1 cucharada de mantequilla
120 g de hojas de espinacas tiernas

Raciones: 2 Preparación: 30 minutos

Cocer los fideos en una cacerola grande con agua salada hirviendo durante unos 5 minutos o hasta que se vean en su punto, removiendo una o dos veces para asegurarse de que no se pegan. El tiempo de cocción depende de la marca de fideos. Escurrirlos, agregar el aceite de sésamo, sazonar un poco y removerlos para que se empapen de aceite. En una sartén, freír sin aceite las semillas de sésamo hasta que se doren y tengan olor a tostado, tras lo cual agregarán a los fideos. Cubrirlos y mantenerlos calientes.

Cortar el filete de salmón horizontalmente en dos mitades y pulir los bordes. Cortar la hojuela de nori en dos con las tijeras y poner en cada mitad un trozo de salmón. Sazonar y enrollar los filetes para darles forma de troncos. Recortar las virutas de salmón o de nori que sobresalgan y, con un cuchillo muy afilado, cortar cada tronco en tres trozos.

Calentar la mantequilla en una sartén antiadherente y freír los troncos hasta dorarlos y dejar el pescado en su punto, lo que probablemente tardará unos 4 minutos para cada lado. Sacar el salmón con la espátula, agregar la espinaca en la sartén removiendo, freír hasta que pierda el color y apagar el fuego.

Servir el salmón con los fideos y espinacas como guarnición.

cerdo

Cerdo, ¿por qué?

Llamado a veces «la segunda carne blanca», contiene más hierro, tiamina, riboflavina y zinc que el pollo y el pescado. Aporta menos kilocalorías y grasas que las carnes rojas y admite los mismos procedimientos que estas. Para asegurarnos un bajo contenido en grasas, compraremos cortes ya preparados o quitaremos las estrías de grasa visible nosotros mismos.

¿Qué hay que buscar?

La grasa debe ser dura y de color blanco; la carne, de color rosa pálido. Debemos desechar las piezas que presenten aspecto húmedo y blando, o grasa amarillenta y de textura cérea. El cerdo de crianza natural será generalmente más sabroso y nutritivo que el de cría industrial intensiva. En estos animales, lo que comen influye mucho en el sabor de su carne. Hay que elegir un carnicero de confianza.

Conservación

- Tan pronto como lleguemos a casa, abriremos los envoltorios, pasaremos un paño a la carne para secarla, la dispondremos sobre una bandeja limpia y la cubriremos con film transparente, para colocarla en un compartimiento bajo del frigorífico.

¿Qué encontraremos?

- Chuletas de cerdo. Se cortan de diferentes partes como el costillar y el lomo alto. Son idóneas para freír y asar a la plancha o a la barbacoa.
- El costillar o carré es más abundante en carne preparada al estilo americano, o con más hueso, como se preparan en la cocina china, pero siempre es mejor para asar a la plancha y a la parrilla. Para guisos, se cuecen las porciones a fuego lento en agua y se continúa la cocción en salsa.
- La carne picada es de un color más pálido que el picadillo de ternera o de cordero, y resulta a veces bastante húmeda y grasienta. Es buena para albóndigas, bitocas y rellenos.
- La pierna tiene una cocción lenta puesto que no tiene mucha grasa. También es buena para asar.
- El lomo se vende con o sin hueso. En el segundo caso se encontrará muchas veces atado en forma de redondo, o bien cortado a filetes, o a dados.
- El filete delantero es el corte más fácil de guisar, y de sabor bastante delicado. Se vende entero o cortado a medallones.
- El tocino al natural o curado en seco, ahumado o no, tiene un sabor a veces dulce, y en todo caso más fuerte y complejo que el de las carnes de cerdo no curadas.

costillar de cerdo con corteza

aprox. 1,5 kg de pieza de costillar con el hueso
3 ramilletes de tomillo
6 dientes de ajo
8 cebollitas
6 patatas cortadas a cuartos
2 cucharadas de aceite de oliva
3 manzanas Granny Smith peladas y picadas
½ cucharada de azúcar glas
1 cucharadita de mantequilla
1 cucharada de harina de trigo
250 ml de caldo de pollo

Raciones: 6 Preparación: 2 horas

Precalentar el horno a 200 °C. Pasar el costillar a una tabla y quitar la piel de una sola pieza tirando de ella (ayúdese un poco, si hace falta, con el cuchillo). Quitar la grasa pero dejando una capa delgada. Si se quitara toda, la carne, una vez guisada, quedaría demasiado seca. Rayar la piel con un cuchillo muy afilado o un cúter. Frotar la piel con sal y colocarla otra vez cubriendo la carne, introduciendo el tomillo entre la piel y la capa de grasa.

Disponer la pieza con el hueso hacia abajo en una bandeja para el horno, y añadir el ajo, las cebollas y las patatas. Remojar las hortalizas con el aceite, procurando empapar sobre todo las patatas. La carne permanecerá en el horno 1 hora y 20 minutos. Transcurrido este tiempo, se ha de comprobar la cocción clavándole un pincho durante 5 segundos. Al extraer el pincho, si este quema al tacto, la carne estará en su punto, pero si sale frío, seguiremos, repitiendo la verificación cada 10 minutos.

Mientras se asa la carne, hervir la manzana con el azúcar, la mantequilla y una cucharada de agua hasta convertirla en puré, machacando con el dorso de una cuchara en caso necesario.

Cuando la carne esté en su punto, sacarla del horno y dejar que repose 10 minutos. Sacar de la bandeja las patatas, el ajo y la cebolla. Retirar la grasa con una cuchara y colocar la bandeja sobre una llama baja. Agregar la harina, remover. Dorar la harina removiendo sin cesar durante 1 minuto, añadir el caldo y hervir a fuego lento para espesarlo. De esta manera se obtiene una salsa aprovechando los jugos de la carne.

Se empieza a desprender el hueso pasándole la punta de un cuchillo. Cortar las chuletas, dejando algunas con hueso y otras no.

cerdo agridulce

300 g de lomo cortado a dados
1 huevo
3 cucharadas de harina de maíz
3 cucharadas de aceite
½ cebolla cortada a dados
½ pimiento rojo cortado a dados
1 cebolla escalonia cortada a tiras
125 ml de vinagre claro de arroz o de vino blanco
2 cucharadas de ketchup
110 g de azúcar

Raciones: 2 Preparación: 30 minutos

Disponer los dados de carne y el huevo en una fuente con 2 cucharadas de harina de maíz. Agitar para untar bien la carne y verter el contenido en un cedazo y sacudirlo para eliminar el exceso de harina. Calentar el wok, echar una cucharada de aceite y calentarlo hasta que humee. Agregar la cebolla y sofreírla. Agregar el pimiento rojo y la escalonia. Freír 1 minuto más. Añadir el vinagre de arroz, el ketchup y el azúcar. Reducir el fuego y remover hasta disolver el azúcar. Cuando arranque a hervir, tenerlo a fuego lento 3 minutos más. Mezclar una cucharada de harina de maíz con otra de agua, agregarlo a la mezcla agridulce y cocer 1 minuto a fuego lento.

Calentar el resto del aceite en una sartén, a fuego medio. Cuando se haya calentado el aceite, echar los dados de carne y dorarlos. Agregar la salsa y recalentarlo hasta que rompa a hervir.

chuletas de cerdo a la sidra con manzanas

1 cucharada de aceite
1 cebolla cortada a rodajas
1 manzana Golden Delicious cortada a cuartos
1 cucharadita de azúcar glas
1 cucharadita de mantequilla
2 chuletas de cerdo gruesas, sin la grasa de los bordes
2 cucharadas de sidra
2 cucharadas de crema de leche

Raciones: 2 Preparación: 25 minutos

Calentar el aceite en una sartén, agregar la cebolla y dorarla. Pasar la cebolla a una bandeja.

Freír en la sartén la manzana 2 minutos. Añadir el azúcar y la mantequilla, y remover hasta que la manzana empiece a caramelizarse. Pasar la manzana a la bandeja de la cebolla. Echar cerdo a la sartén, sazonar un poco y freírlos 4 minutos por cada lado. Devolver la cebolla y la manzana a la sartén y calentarlo todo. Añadir la sidra y hervir a fuego lento. Agregar la crema y remover. Dejar un minuto, sazonar y servir con patatas y una ensalada verde.

lomo con berenjena en adobo

500 g de lomo en una pieza (unos 10 cm de largo)
1 cucharada de salsa china hoisin
1 pizca de polvo cinco especias
3 cucharadas de aceite
½ berenjena troceada
1 cucharada de salsa de soja
1 cucharadita de aceite de sésamo
1 cucharada de vinagre balsámico
1 pizca de azúcar glas
1 col china bok choy cortada cuartos

Raciones: 2 Preparación: 20 minutos

Disponer el lomo en una fuente y agregar la salsa hoisin, las cinco especias y una cuchara de aceite. Frotar la carne y reservar. Calentar otra cucharada de aceite en una sartén y freír la berenjena hasta que se dore. Agregar la salsa de soja, el aceite de sésamo, el vinagre y el azúcar, y remover 1 minuto. Volcar la berenjena en una fuente y limpiar la sartén. Echar en la sartén otra cucharada de aceite y ponerla a fuego medio. Agregar la carne y dorar. Devolver la berenjena a la sartén para calentarla. Reservar la carne dos minutos. Hervir la bok choy en un cazo un minuto y escurrir. Cortar la carne a medallones y servir con la berenjena adobada y la bok choy.

beicon braseado con endibias

1 cuchara de aceite
1 cucharadita de mantequilla
2 endibias belgas cortadas por la mitad
4 lonchas de beicon de pierna gruesas
2 cucharaditas de azúcar cande
½ vaso de vino blanco
1 cucharada de perejil picado

Raciones: 2 Preparación: 20 minutos

Calentar el aceite en una sartén, agregar la mantequilla y, cuando crepite, agregar las endibias con el corte hacia abajo, para sofreírlas un minuto. Añadir el beicon y freírlas un poco. Incorporar el azúcar y el tocino, sazonar y tapar para continuar otros 3 minutos, o hasta ablandar las endibias. Destapar, subir el fuego y dejar que hierva la salsa para espesarla. Agregar el perejil, removiendo.

cordero

Cordero, ¿por qué?

Esta carne queda tierna tanto en cocción rápida como lenta, admite preparaciones muy variadas, combina bien con muchas hierbas aromáticas y especias, y siempre tiene buen sabor.

¿Qué hay que buscar?

Debe tener aspecto de fresco y recién cortado, con la carne rosada y la grasa de color blanco, firme y cérea, no amarillenta ni aceitosa. Para unas porciones menos grasientas, elegiremos las chuletas, que se pueden cortar, o las chuletas de riñonada, menos grasas de por sí.

Conservación

- Desempaquetar tan pronto como lleguemos a casa, pasar un paño para secar la carne, disponerla en una bandeja limpia y cubrir con film transparente para guardarla en un compartimiento bajo del frigorífico.
- Si no se va a guisar el mismo día, untaremos las dos caras de la carne con aceite de oliva para impedir que se oscurezca (por oxidación).

¿Cómo servirlo?

Siempre en una bandeja caliente, para que la grasa no se enfríe demasiado pronto.

¿Qué encontraremos?

- La espalda nos proporcionará seis o siete cortes, o chuletas. Se pueden adquirir como tales, o una pieza entera. Las chuletas se hacen rápidamente y son buenas para asar a la barbacoa o en la parrilla, así como para freír.
- Las «noisettes» se elaboran con chuleta de espalda y chuleta de lomo, sin huesos, atadas en forma de redondo. Son fáciles de guisar y de presentación muy atractiva.
- La pierna es un buen corte para asado. Se puede adquirir con hueso o deshuesada.
- El filete de cordero es una pieza larga y delgada de carne muy tierna, indicada para freír y asar a la parrilla.
- Las chuletas de riñonada o «mutton chops» se cortan de la media cadera, es decir, de la parte de riñonada que casi no tiene hueso, y también son idóneas para parrilladas.

costillar de cordero a las finas hierbas con puré de boniatos

1 cucharada de perejil finamente picado
1 cucharadita de tomillo finamente picado
1 cucharadita de corteza de limón rallada
1 cucharada de mostaza de Dijon
6 costillas de cordero desengrasado a la francesa
1 cucharada de aceite de oliva
600 g o 2 boniatos pelados y cortados a dados
1 cucharada de mantequilla
½ cucharadita de comino molido

Raciones: 2 Preparación: 35 minutos

Precalentar el horno a 220 °C. En un cuenco pequeño disponer las hierbas y la piel de limón junto con la mostaza, agregando sal y pimienta. Mezclarlo todo bien y frotar enérgicamente con esta mezcla la parte de la pieza de carne con piel, pero no la parte del hueso ni los lados. Pasar la carne a una bandeja para el horno, con la parte untada de hierbas hacia arriba.

Untar con aceite de oliva y colocar la pieza en el compartimento más alto del horno. Asar durante 20 minutos si nos gusta la carne tierna, o 5 más para tenerla medianamente hecha, o 10 más si la preferimos muy hecha. La costra de hierbas se habrá dorado. Una vez el cordero esté en su punto, retirarlo del horno, cubrirlo con una lámina de aluminio y dejar que repose 5 minutos para concentrar los jugos de la carne.

Para preparar el puré, pasar los boniatos a una cacerola grande con agua y llevarla a ebullición. Reducir la llama y cocer 10 minutos a fuego lento o hasta que se haya ablandado el boniato (clavar en uno de ellos la punta de un cuchillo; si el boniato se desprende de la punta con facilidad es que ya está a punto). Escurrirlos. Poner otra vez la cacerola al fuego y añadir la mantequilla y el comino, tostarlo 1 minuto, devolver el boniato a la cacerola y retirarla otra vez del fuego. Machacar ahora el boniato para reducirlo a puré, y sazonar.

Separar las costillas cortando entre los huesos. Echar una porción de puré en cada plato y cubrir con la carne.

costillas de cordero con mermelada de cebolla

1 cucharada de mantequilla
2 cucharadas de aceite de oliva
2 cebollas finamente picadas
1 cucharadita de azúcar moreno
1 cucharadita de tomillo en hoja
1 cucharada de perejil finamente picado
6 costillas de cordero desengrasado a la francesa
1 cucharada de zumo de limón

Raciones: 2 Preparación: 30 minutos

Calentar la mantequilla y 1 cucharada de aceite en una cacerola. Agregar la cebolla, el azúcar y el tomillo, y remover. Con la llama reducida, tapar y freír la cebolla. Sazonar, añadir el perejil removiendo y mantener caliente con la llama al mínimo. Calentar el resto del aceite en la sartén y disponer las costillas en una sola capa. Freír hasta que la carne esté dorada. Agregar el zumo de limón y sazonar. Disponer una cucharada de mermelada de cebolla en cada plato, y las costillas alrededor.

jarretes de cordero con garbanzos

1 cucharada de aceite
2 o 4 jarretes pequeños
1 cebolla finamente picada
1 diente de ajo chafado
2 cucharaditas de harissa
1 barrita de canela en rama
400 g de tomate picado de lata
300 g de garbanzos de lata escurridos
8 aceitunas verdes
½ cucharada de piel de limón finamente rallada
1 cucharada de menta picada

Raciones: 2 Preparación: 1 hora y ½

Freír la carne y dorar. Agregar la cebolla y el ajo, y freír hasta ablandar la cebolla. Añadir la harissa, canela, sal y pimienta, y remover. Incorporar el tomate picado y hervir. Si no hay suficiente líquido (la carne debe quedar cubierta), agregar agua. Tapar, reducir la llama y cocer 40 minutos.

Añadir los garbanzos, las aceitunas y el limón y remover. Sazonar y cocer sin tapa otros 15-20 minutos; el cordero debe quedar muy tierno, casi desprendiéndose del hueso. De lo contrario, cada 5 minutos se comprueba si está en su punto. Separar el aceite que sobre, y luego echar la menta, removiendo. Sírvase con ración extra de harissa.

curry de cordero

500 g de cordero de espalda o de pierna, a dados
2 cucharadas de yogur natural espeso
1 cebolla picada
1 chile verde troceado
1 diente de ajo chafado
trozo de jengibre de 1 cm rallado
2 cucharadas de anacardos
2 cucharadas de curry «korma» en pasta
2 cucharadas de aceite

Raciones: 2 Preparación: 2 horas y ¾

Pasar el cordero a una fuente con 1 cucharada de yogur y empapar la carne. Batir la cebolla con el chile, el ajo, el jengibre, los anacardos y el curry en pasta con 2 cucharadas de agua, hasta obtener una pasta cremosa. Picar todo finamente antes de agregar el agua. Calentar el aceite en una cazuela a fuego medio. Añadir la mezcla, sazonar con sal y cocer a fuego bajo un minuto, o hasta evaporar el líquido y espesar la salsa. Echar el cordero y hervir. Tapar la cazuela y cocer 1 hora a fuego lento. Añadir el resto del yogur y guisar 30 minutos, o hasta que la carne quede muy tierna. Remover de vez en cuando. La salsa debe quedar bastante espesa. Servir acompañando con arroz.

costillitas de cordero a las especias

unas gotas de salsa Tabasco
½ cucharadita de cúrcuma rallada
¼ cucharadita de garam masala
1 diente de ajo chafado
1 cucharada de yogur espeso natural
zumo de limón
8 costillitas de cordero desgrasadas

Raciones: 2 Preparación: 10 minutos más la marinada

Mezclar la salsa picante, la cúrcuma, el garam masala, el ajo y el yogur formando una pasta, y añadir unas gotas de zumo de limón. Frotar las costillas con dicha pasta, pasarlas a una bandeja, cubrirlas y reservar 2 horas en el frigorífico.

Poner el gratinador al máximo. Salar las costillas por ambos lados, pasarlas a una parrilla y gratinar 2 o 3 minutos. Aliñar con zumo de limón antes de servir.

shepherd's pie

1 cucharada de aceite
1/2 cebolla finamente picada
1/2 zanahoria finamente picada
500 g de carne picada de cordero cruda o cocida
harina de trigo
1 cucharada de ketchup
1 cubito de caldo de ternera
salsa Worcestershire
3 patatas cortadas a rodajas
2 cucharadas de leche
mantequilla

Raciones: 2 Preparación: 1 hora

Precalentar el horno a 200 °C. Calentar el aceite en una sartén y freír la cebolla y la zanahoria hasta que empiecen a tomar color por los bordes. Añadir la carne y freírla dándole vueltas de vez en cuando, y chafando con el dorso de un tenedor los trozos demasiado grandes.

Cuando la carne esté dorada, añadir un poco de harina (alrededor de una cucharadita) y seguir removiendo. Agregar el ketchup y el cubito de caldo desmenuzado con los dedos. A continuación, unos 250 ml (1 vaso) de agua, removiendo para mezclarlo todo. Cuando rompa a hervir la mezcla, reducir la llama al mínimo y cocer a fuego lento durante unos 20 minutos. Salpimentar y añadir salsa Worcestershire.

Mientras se guisa la carne, cocer las patatas en agua hirviendo a fuego lento, hasta que las rodajas queden tiernas (serán unos 12 minutos). Escurrir y hacer puré con la leche, sazonando en abundancia.

Volcar la carne a una fuente para el horno, o dos cuencos individuales, y cubrirla con abundante puré de patata. Encima, echar unas briznas de mantequilla y colocar debajo de la fuente una bandeja para el horno, por si los jugos de la carne hierven y gotean sobre el recipiente. Tras unos 20 minutos de cocción, la parte superior del puré habrá tomado un ligero color pardo. Sírvase acompañado de guisantes.

ternera

Ternera, ¿por qué?

Esta carne tiene un sabor fuerte que se presta a muchos tipos de preparación, desde el bistec de 3 minutos hasta la cazuela de cocción lenta. Buena fuente de proteínas y hierro, la ternera se encuentra en más variedad de cortes que ninguna otra carne.

¿Qué hay que buscar?

- La carne debe tener color rojo oscuro. Se va oscureciendo más con el tiempo, pero un color rojo brillante no necesariamente indica más calidad.
- La grasa debe ser de aspecto cremoso y consistencia firme. Los cortes de cocción lenta deben tener vetas de grasa y tendones, ya que a través de ellos empezará a ablandarse al guisarla.

Conservación

Las piezas que nos hayan cortado y envuelto las desenvolveremos, las pasaremos a un recipiente y las cubriremos con film transparente. Los cortes preparados en bandejas suelen ser bastante higiénicos y pueden guardarse tal cual hasta que vayamos a consumirlos. De esta manera, o en bolsas para el frigorífico, pueden guardarse en el congelador hasta doce meses.

¿Qué encontraremos?

- Hay gran variedad de cortes y pueden tomarse los que se prefieran para muchas recetas. Los filetes y solomillos no llevan hueso, en cambio el entrecot y el osobuco sí. No compre turnedós o «pepitos» a menos que la receta lo diga expresamente.
- Las carnes de segunda como la tapaplana y la cadera se emplean para estofados y otros métodos de cocción lenta. Quedan muy tiernas al cabo de un par de horas, pero tienen la consistencia de una suela de zapato si se acelera demasiado la cocción.
- Los filetes se cortan para bistec o se adquieren en una sola pieza. Se asan con rapidez (20 minutos) y también se consumen en crudo como carpaccio (lonchas muy finas) o como steak tartare (carne picada).
- Las costillas sin o con hueso (o juntas como carré) proporcionan asados tiernos y sabrosos.
- La falda y el redondo también se usan para cazuelas, estofados y otras preparaciones de cocción lenta, porque son carnes que la requieren.
- La carne picada de buey y ternera se vende con diversas proporciones de contenido graso. Las calidades son muy variables. La carne magra tiene menos grasa, pero ello implica también menos sabor.

ensalada de ternera con pepino agridulce

1 pepino
2 cucharaditas de azúcar glas
2 cucharadas de vinagre de vino tinto
1 cucharada de aceite
1 filete grande o 2 pequeños, cortado a tiras
4 cebollas escalonias troceadas
1 diente de ajo chafado
1 cucharada de jengibre rallado
1 cucharada de salsa de soja
un par de puñados de hojas de escarola

Raciones: 2 Preparación: 20 minutos

Partir el pepino longitudinalmente por la mitad, cortar a rebanadas delgadas y ponerlo en un colador. Espolvorearlo con un poco de sal y dejarlo unos 10 minutos. De este modo, se drena el exceso de humedad. Mientras tanto, agregar en un cuenco una cucharadita de azúcar y otra de vinagre, removiendo hasta disolver. Quitar el exceso de sal del pepino bajo el chorro de agua y escurrir bien antes de quitar la humedad remanente con unas servilletas de papel. Mezclar el pepino con el aliño agridulce.

Calentar el aceite en una sartén hasta que humee, lo que no llevará más de 1 minuto. Echar la carne y freírla durante 1 minuto; agregar la escalonia y freír otro minuto más. Entonces agregar el ajo y el jengibre, remover una vez, echar la salsa de soja y el resto del vinagre con azúcar. Dejar que hierva un poco para espesar la salsa.

Repartir la escarola entre los dos platos, y cubrir con la carne. Disponer sobre esta un poco de pepino y servir el resto en otro plato. Parte de los jugos servirá de excelente aliño a la ensalada.

Alubias con chile

110 g de frijoles o alubias rojas
2 cucharadas de aceite
1 cebolla roja finamente picada
1 diente de ajo chafado
1 ramillete de cilantro finamente picado
1 o 2 chiles despepitados y finamente picados
800 g de filete de pobre cortado a dados
400 g de tomate picado de lata
1 cucharada de puré de tomate
1 taza de caldo de buey
1 pimiento rojo cortado a dados
1 tomate maduro picado
1 aguacate cortado a dados
1 lima exprimida
2 cucharadas de crema de leche con unas gotas de limón

Raciones: 2   Preparación: 2 horas y ½, y remojo de un día para otro

Poner en agua fría los frijoles el día anterior. O bien pasarlos a una cacerola, cubrir con agua fría, llevarla a ebullición y reducir la llama para seguir 10 minutos a fuego lento. Apagar el fuego y dejar 2 horas para que se enfríen; escurrir y dejar que se sequen.

Calentar la mitad del aceite en una cazuela grande y sofreír tres cuartos de la cebolla junto con el ajo, la mitad del cilantro y el chile durante 5 minutos.

Aumentar la llama, apartar la cebolla a un lado y agregar el resto del aceite. Añadir la carne y freírla durante un par de minutos, o hasta dejarla bien dorada por todas partes. Agregar los frijoles, el tomate, el puré de tomate y el caldo, y remover a fondo. Cuando la mezcla arranque a hervir, reducir el fuego al mínimo, tapar la cazuela y que siga guisándose la carne durante 1 hora. Echar el pimiento rojo en la cazuela, remover y continuar la cocción otros 30 minutos.

Para el aliño, mezclar la mitad restante del cilantro, el tomate, el aguacate y el resto de la cebolla. Sazonar con sal y pimienta, y añadir la mitad del zumo de lima.

Cuando la carne quede tierna, agregar el resto del cilantro y del zumo de lima. Sazonar al gusto y servir con una cucharada del aliño, y otra de crema de leche coronando cada plato.

sándwich de bistec con salsa verde

1 diente de ajo chafado
2 puñados de perejil
hojas de albahaca y de menta
2 cucharadas de aceite de oliva
1 cucharadita de alcaparras picadas
1 cucharadita de zumo de limón
1 cucharadita de vinagre de vino tinto
2 bistecs delgados
2 chapata o pan turco trozos cortados horizontalmente
8 rebanadas de pepino

Raciones: 2 Preparación: 10 minutos

Para la salsa verde, batir un poco el ajo y las hierbas junto con la mitad del aceite. Volcar las hierbas picadas en un cuenco y agregar las alcaparras, el zumo de limón y el vinagre, removiendo. Salpimentar.

Calentar el resto del aceite en la sartén y freír los bistecs 1 minuto por cada lado. Tostar el pan. Cubrir con abundante salsa verde las porciones y preparar los dos sándwiches con el pepino y los bistecs.

sopa de alubias con albóndigas

300 g de carne de ternera picada
1 diente de ajo chafado
½ cucharada de perejil finamente picado
1 pizca de canela molida
1 pizca de nuez moscada recién rallada
1 huevo ligeramente batido
750 ml de caldo de buey
1 zanahoria cortada a rodajas finas
400 g de alubias de lata escurridas
¼ de berza cortada a tiras finas
queso parmesano recién rallado

Raciones: 2 Preparación: 25 minutos

Disponer la carne picada en una fuente con el ajo, el perejil, la canela, la nuez moscada y la mitad del huevo. Mezclar y salpimentar. Si queda reseco agregar el resto del huevo.

Amasar pelotillas con la carne y su mezcla.

Hervir el caldo de ternera con la zanahoria en una cacerola. Añadir las albondiguillas y reducir la llama. Probar una de ellas a los 3 minutos. Debe estar completamente cocida, de lo contrario prolongar un poco más. En su momento, agregar las alubias y la berza, y cocer otros 4 o 5 minutos. Sazonar. Servir la sopa con parmesano rallado y pan.

solomillo maître d'hôtel

2 cucharadas de mantequilla no salada ablandada
1 cucharadita de perejil finamente picado
zumo de limón
2 solomillos de 1,5 cm de grueso
1 cucharada de aceite de oliva

Raciones: 2 Preparación: 20 minutos

Batir la mantequilla y añadir una pizca de sal, otra de pimienta y todo el perejil. Ir agregando a gotas una cucharadita de zumo de limón. Dejar que se endurezca la mantequilla en el frigorífico y enrollarla a modo de «brazo de gitano» en un papel de embutidos. Guardar en la nevera.

Salpimentar la carne. Freír los solomillos. Cortar el rollo de mantequilla y colocar un par de rodajas sobre los solomillos. Servir con patatas y verduras o con una ensalada.

hamburguesas al maíz fresco

350 g de carne de ternera picada
1 diente de ajo
1 cebolla muy finamente picada
1 cucharada de perejil finamente picado
2 cucharadas de ketchup
salsa Worcestershire
1 mazorca de maíz
1 tomate finamente picado
½ cucharada de salsa de chile dulce
1 puñado de cilantro en hoja
zumo de lima
2 panes para hamburguesa
hojas de cogollo

Raciones: 2 Preparación: 30 minutos

Encender el gratinador. Disponer la carne en una fuente con el ajo, la mitad de la cebolla, el perejil, el ketchup y la salsa de Worcestershire. Tras sazonar y mezclar bien, dejar la carne en adobo. Gratinar la mazorca. Mezclar los granos con el tomate, la salsa chile, el cilantro y el resto de la cebolla. Agregar zumo de lima y salpimentar. Amasar la mezcla de carne picada y formar dos albóndigas grandes; aplanarlas hasta darles el tamaño de los panes (la cocción las encogerá un poco).

Freír la carne entre 3 y 5 minutos por cada lado. Tostar el pan. Disponer una hoja de cogollo o dos en la base de cada pan, cubrirla con la guarnición y colocar la carne y el medio pan de tapa. Acompañar con un poco más de guarnición.

Ternera a la cerveza negra con puré de apio

2 cucharadas de aceite
1 kg de bistec de pobre a dados
2 cebollas picadas
1 diente de ajo chafado
2 cucharaditas de azúcar moreno
2 cucharaditas de harina de trigo
125 ml de cerveza Guinness
372 ml de caldo de ternera
1 hoja de laurel
2 ramilletes de tomillo
1 apio
1 patata cortada a dados
250 ml de leche
1 cucharada de mantequilla
2 rebanadas tostadas de pan francés
mostaza de Dijon

Raciones: 2 Preparación: 2 horas y ½

Precalentar el horno a 180 °C. Calentar la mitad del aceite en la sartén a fuego vivo, y freír la carne en varias sartenadas, dejándola bien dorada. Agregar más aceite según se vaya necesitando. Se hace de esta manera para mantener la sartén muy caliente: debe freírse la carne, no estofarse. Pasarla a una cazuela.

Incorporar la cebolla a la sartén y freír a fuego lento. Cuando empiece a dorarse, agregar el ajo y el azúcar moreno, y continuamos hasta que la cebolla quede bastante tostada. Agregar la harina, removiendo, y pasarlo todo a la cazuela.

Echar en la sartén la cerveza Guinness y el caldo. Al hervir, verterlo a la cazuela (esto va a concentrar los jugos y aromas de la carne que habían quedado en la sartén). Echar a la cazuela la hoja de laurel y el tomillo, y sazonar. Cuando vuelva a hervir, tapar y meter la cazuela en el horno durante 2 horas.

Mientras tanto, pelar y picar el apio. Pasar a un cuenco con agua a medida que se pica para evitar que tome color pardo. Poner la patata y el apio en una cacerola junto con la leche y sazonar. Cuando arranque a hervir, tapar y cocinar 15 minutos, o hasta que las hortalizas estén tiernas. Chafar a continuación para formar un puré con la leche. Sazonar y agregar la mantequilla.

Untar el pan francés con la mostaza. Servir cubriendo el pan con la carne de ternera y el puré de apio a un lado.

patatas

Patatas, ¿por qué?

Pueden constituir el plato principal de una comida, o un acompañamiento, o un tentempié, y si no llevan demasiado aceite o mantequilla, el contenido en grasas queda bastante reducido. Son ricas en vitamina C y aportan gran cantidad de hidratos de carbono. Cocidas con piel, aumenta su valor nutritivo.

Conservación

- Deben guardarse en lugar fresco y oscuro para que no germinen. Las patatas verdes contienen unos alcaloides algo tóxicos y por eso resultan indigestas. Cuando se guardan en el frigorífico se vuelven más dulces porque continúa la conversión de almidón en azúcar.
- Las patatas lavadas no duran tanto como las que se venden con su costra de tierra, porque el chorro de agua a presión les quita una capa protectora externa.

¿Qué encontraremos?

Deben elegirse conforme a la receta. No todas las patatas son iguales, y una elección equivocada da lugar a resultados distintos de los que se pretendía.

- Las patatas «harinosas», es decir, con elevada proporción de almidón, se esponjan al cocerlas. Son buenas para hacer puré, para asar y para «chips», pero se desmigajan al hervirlas.
- Las de textura harinosa son firmes y duras; son buenas para ensaladas, en cambio forman un puré demasiado pastoso.
- Hay especies de uso general que se adaptan bien a cualquier receta: desiree, nicola, sapunta y pontiac.
- Las patatas tempranas son las primeras que se recogen, aunque a veces llaman tempranas o nuevas a las pequeñas de cualquier especie. Especies: jaerla y red pontiac.

terrinas de patata al gratén

1 cucharada de aceite
1 cebolla finamente picada
1 diente de ajo chafado
2 patatas harinosas grandes o 4 pequeñas
4 cucharadas de queso gruyère rallado
1 pizca de nuez moscada molida
80 ml de leche
80 ml de nata líquida

Raciones: 2 Preparación: 1 hora y 1/4

Precalentar el horno a 170 °C. Calentar el aceite en una sartén para sofreír la cebolla. Remover para empaparla de aceite y continuar hasta dejarla tierna y translúcida pero no dorada, mejor remover todo el rato para evitar que tome color. Agregar el ajo, sofreír un minuto más y apagar el fuego.

Con un cuchillo afilado, cortar las patatas a rodajas finas, todas del mismo espesor para que se hagan al mismo tiempo. Engrasar con mantequilla dos terrinas pequeñas que puedan ponerse en el horno, y repartiendo por igual los ingredientes, disponer en capas sucesivas la patata, la cebolla y el ajo, el queso rallado y la nuez moscada, sazonando sobre la marcha. Terminar con una capa de patata y otra de queso. Mezclar la leche con la nata y distribuir equitativamente.

Cubrir las terrinas con papel de aluminio y poner 10 minutos en el horno; luego retirar las hojas y continuar 40 minutos más o hasta que la patata esté en su punto. Para comprobarlo, pinchar la patata con un cuchillo a ver si aún está dura. En este caso, ha de hornearse un rato más. Se dejan en reposo un par de minutos antes de servir y se derrama la salsa sobre las terrinas de manera que empape.

patatitas asadas con salsa de chile dulce

12 a 16 patatas pequeñas según tamaño
1 cucharada de aceite de oliva
1 cucharadita de tomillo en hoja
1 cucharadita de sal gorda
2 cucharadas de salsa de chile dulce
2 cucharadas de crema de leche con gotas de limón
1 cebolla escalonia finamente picada

Raciones: 2 Preparación: 40 minutos

Precalentar el horno a 200 °C. Si las patatas son grandes para comerlas de un bocado, partirlas por la mitad. Pasarlas a una bandeja para asar con el aceite, el tomillo y la sal, removiendo para que se empapen. Meterlas en el horno durante 30 a 40 minutos o hasta dejarlas en su punto. Mezclar la salsa de chile dulce con la crema agria y la escalonia. Servir al lado de las patatas, para untar.

ñoquis de cebollino con queso azul

450 g de patatas harinosas
165 g de harina de trigo
1 cucharada de cebollino picado
2 yemas de huevo
50 g de queso azul
4 cucharadas de crema de leche

Raciones: 2 Preparación: 40 minutos

Pelar las patatas y cortarlas a trozos de tamaño regular. Cocer 20 minutos en agua hirviendo ligeramente, o hasta dejarlas tiernas. Escurrirlas y reducirlas a puré. Agregar 140 g de harina, el cebollino y las dos yemas. Sazonar y mezclar. Agregar harina suficiente para formar una masa pastosa pero no pegajosa. De esta mezcla se hacen cuatro partes, se enrolla cada una de ellas en forma de salchicha de 1 cm de diámetro, y se cortar trozos de 1,5 cm.

En una cacerola grande, hervir agua y cocer los ñoquis en varias fases. Cuando suban a la superficie, se sacan y se escurren.

Mientras, calentar el queso azul y la crema de leche en un cazo. Pasar los ñoquis a una fuente y cubrirlos con la salsa de queso. Remover para empaparlos un poco y servir.

patatas al horno con rúcula, habas y queso azul

2 patatas grandes
sal gorda
1 puñado de habas
2 cucharadas de crema de leche
1 puñado de queso azul en migas
2 puñados de rúcula picada

Raciones: 2 Preparación: 20 minutos

Precalentar el horno a 200 °C. Lavar las patatas y, mientras están un poco húmedas, frotarlas con un poco de sal. Pincharlas varias veces antes de meterlas en el horno, directamente sobre la parrilla. Así recibirán el calor por todos los lados. Tenerlas alrededor de 1 hora. Comprobar si están blandas presionando ligeramente, en caso contrario, dejar 15 minutos más.

Poner agua a hervir y cocer unos 3 minutos. Escurrirlas y pelarlas.

Una vez cocidas, practicar a cada una de ellas un corte en cruz y presionar un poco por arriba hasta que se abran.

Poner la crema de leche en un cazo, agregar las habas y cocer a fuego moderado 1 o 2 minutos antes de agregar el queso azul y la rúcula. Remover y, cuando la hortaliza se vea cocida, aliñar las patatas con unas cucharadas de esta salsa y sazonar con pimienta negra.

tortitas de patata al queso con beicon

2 patatas harinosas grandes o 4 pequeñas
1 cucharada de leche
1 cucharada de mantequilla
3 puñados de berza desmenuzada
1 puñado de queso cheddar rallado
1 cucharada de aceite
4 lonchas de beicon sin corteza

Raciones: 2 Preparación: 30 minutos

Trocear las patatas y hervir 15 minutos o hasta dejarlas tiernas. Escurrirlas y volver a ponerlas en el cazo con la leche, para hacer un puré salpimentado.

Fundir la mantequilla en una sartén y guisar la col hasta ablandarla. Agregar en la sartén la patata y el queso. Esta mezcla debe tener consistencia para darle forma de tortitas.

En la misma sartén, calentar el aceite a fuego medio y freír las tiras de tocino. Se colocan a un lado para dejar sitio a las tortitas, que se fríen de igual modo. Servir las tortitas coronadas con las lonchas de beicon.

tomates

Tomates, ¿por qué?

Pueden servirse como ingrediente principal o acompañamiento, y saben tan bien crudos como asados, fritos o cocidos. Dan color y sabor a los platos.

¿Qué hay que buscar?

Es prácticamente imposible adivinar qué sabor tendrá un tomate antes de catarlo. Si procuramos elegirlos por su aspecto y aroma, mejoraremos las posibilidades de que nos salgan bien.

Conservación

Si no están maduros en el momento de adquirirlos, los extenderemos sobre la tabla. Una vez maduros pueden guardarse en el frigorífico, pero los tomates saben mejor cuando se consumen a temperatura ambiente.

¿Qué encontraremos?

En cuanto al color, los hay rojos, amarillos, anaranjados y, a veces, rosas. Elija los que se indiquen en la receta, o tendiendo a combinar colores.

- Los roma (en forma de ciruela) son adecuados para sopas y salsas, ya que el sabor se concentra al guisarlos.
- Los rojos y grandes sirven para rellenar.
- Los cherry y tomates-uva son tomatitos pequeños indicados para adornar los tentempiés y las ensaladas, y también para asar.
- El tomate redondo corriente sirve lo mismo para ensalada que para cocinar.
- El de viña que viene con la rama suele tener un aroma a tomate más intenso y perfumado.

bruschetta de tomate y pesto

4 rebanadas gruesas de chapata
2 cucharadas de aceite de oliva
3 cucharadas de pesto fresco
4 tomates maduros
2 cucharadas de queso mascarpone

Raciones: 2 Preparación: 15 minutos

Poner el gratinador al máximo. Pintar con aceite las dos caras de cada rebanada y pasarlas a una bandeja para el horno. Gratinar 3 minutos por cada lado, o hasta que estén doradas y crujientes.

Untar con una cucharadita de pesto cada una de las rebanadas y sacarla de la bandeja. Cortar los tomates a lo largo en cuatro trozos y escurrirlos durante 1 minuto sobre una servilleta de papel. Así se evita que el jugo empape la miga del bocadillo. Poner las rebanadas de tomate en la bandeja para el horno.

Gratinar el tomate unos 5 minutos, con lo que empezará a cocerse y a adquirir un color pardo en los bordes. Cuando estén a punto, disponer 4 rebanadas de tomate en cada bruschetta. Colocar de nuevo en la bandeja y gratinar 1 minuto más para calentarlas. Coronar con un golpe de mascarpone y un poco más de pesto, y servir calientes.

caponata de tomate con mozzarella

1 berenjena pequeña cortada a dados
aceite de oliva
½ cebolla cortada a dados
1 tallo de apio cortado en juliana
½ pimiento rojo cortado a dados
2 tomates roma (maduros) picados
8 tomates cherry rojos y 8 amarillos, partidos por la mitad
1 cucharada de vinagre de vino tinto
1 pizca de azúcar
1 cucharada de alcaparras escurridas
8 aceitunas negras con hueso
200 g de queso mozzarella troceado
1 puñado de perejil un poco picado

Raciones: 2 Preparación: 35 minutos

Cocer la berenjena en agua salada hirviendo durante 1 minuto y escurrir. Exprimir con las manos el exceso de humedad. Esta cocción previa evitará que la berenjena «chupe» demasiado aceite.

Calentar una cucharada de aceite de oliva en una sartén grande y agregar la berenjena. Dorar por todas partes a fuego intenso, agregando más aceite si se necesita. Cuando la berenjena esté en su punto se saca y se escurre sobre servilletas de papel.

Agregar un poco más de aceite a la sartén, reducir la llama y sofreír la cebolla y el ajo durante unos 5 minutos, o hasta dejarlos tiernos pero sin dorarlos. Agregar el pimiento rojo y sofreír 2 minutos. Añadir el tomate picado y una cucharada de agua. Que hierva despacio durante 5 minutos o hasta reducir bastante la mezcla, y echar los tomates cherry removiendo.

Sazonar la mezcla con pimienta negra. Agregar el vinagre, el azúcar, las alcaparras, las aceitunas, y dejarlo unos 2 o 3 minutos a fuego lento. Añadir la berenjena escurrida, y cocinar 5 minutos. Retirar del fuego y dejar que se enfríe. Incorporar el queso mozzarella y el perejil removiendo para mezclar bien, y servir con una ensalada verde y un poco de pan para mojar.

pizza Margarita

1 paquete de mezcla para pizza o 1 base preparada
4 tomates roma (muy maduros)
12 hojas de albahaca
2 dientes de ajo chafados
1 cucharada de salsa de tomate
4 cucharadas de aceite de oliva
200 g de queso mozzarella troceado

Para una pizza grande, una hora de preparación, según lo que tarde en «subir»

Si se emplea la mezcla del paquete, ha de prepararse la base de la pizza según las instrucciones del fabricante y dejar que fermente. Poner el horno al máximo: la pizza debe cocerse con la mayor rapidez posible.

Quitar los corazones, las pepitas y el zumo de los tomates, picarlos y pasarlos por la trituradora con 4 hojas de albahaca para confeccionar un puré (a falta de trituradora, picar muy fino el tomate y la albahaca, y remover). Agregar el ajo, la passata y 2 cucharadas de aceite; sazonar.

Con el rodillo, aplanar la base de pizza a un diámetro de 30 cm y pasarla a una bandeja para horno previamente aceitada (si se encoge al trasladarla, aplanarla otra vez). Remojarla con unas gotas de aceite de oliva. Con una cuchara, extender la salsa de tomate sobre la base hasta los bordes. Distribuir la mozzarella y echar de nuevo unas gotas de aceite.

Cocinar la pizza de 2 a 12 minutos (depende de la potencia del horno), o hasta que la base haya tomado color y aspecto crujiente y los ingredientes se hallen en su punto. Antes de servir, untar una vez más con aceite y poner el resto de la albahaca.

berenjenas

Berenjenas, ¿por qué?

La berenjena tiene protagonismo en numerosos platos y se presenta en muchas variedades de color, forma y tamaño. Las hay amargas, característica que no es deseable en ciertas recetas pero se valora en otras, como los curries de la cocina thai. Se consume asada o cocida, aunque algunos platos asiáticos las incluyen crudas.

¿Qué hay que buscar?

Berenjenas turgentes, brillantes, que sopesándolas con la mano parezcan pesadas con relación a su tamaño. Sin manchas de color pardo ni superficies arrugadas.

¿Cómo utilizarlas?

Las recetas antiguas solían especificar que se curase la berenjena con sal para aclararla luego en un colador, con lo que se les quita el regusto amargo. Las variedades que se venden actualmente no suelen ser tan amargas pero el procedimiento también sirve para evitar que se empapen demasiado de aceite. En efecto, la berenjena absorbe mucho aceite cuando se fríe. Para que no sean tan esponjosas, previamente podemos escaldarlas en agua hirviendo 1 minuto o 2.

¿Qué encontraremos?

- Las grandes y de color púrpura sirven para rellenos y para asar enteras o a rodajas. Tienen un sabor más bien dulce.
- Las oriundas de Asia son largas y se preparan a rebanadas para sofritos y en pinchos para asar.
- Las pequeñas, redondas, de piel blanca o verde claro, cortadas por la mitad y a cuartos, suelen incluirse en platos asiáticos, especialmente thai, y tienen un sabor algo más amargo.
- La variedad verde, pequeña y muy amarga, se utiliza entera en recetas de origen thai.

berenjena a las especias

1 berenjena cortada a rodajas
1 cebolla finamente picada
un trozo de jengibre de 1 cm rallado
2 dientes de ajo chafados
1 chile rojo finamente picado
250 g de tomate de lata
aceite para freír
¼ de cucharadita de cúrcuma rallada
¼ de cucharadita de kalonji
1 cucharadita de garam masala
1 puñado de cilantro picado

Raciones: 2 Preparación: 40 minutos

Disponer las rodajas de berenjena en un colador, salarlas y dejarlas en reposo durante 30 minutos. La sal absorberá los jugos amargos. Luego lavar las rodajas, escurrir exprimiendo un poco para que suelten el exceso de agua, y secar con servilletas de papel.

Mezclar la cebolla, el jengibre y el chile con los tomates. Si se dispone de una batidora o de un robot de cocina, ha de batirse todo un instante, de lo contrario bastará picar primero los tomates finamente y añadir luego lo demás.

Calentar un poco de aceite en una sartén grande, honda y de base pesada. Cuando esté caliente, fondear con tantas rebanadas de berenjena como quepan en una sola capa. Freír a fuego medio hasta que estén doradas por las dos caras. Luego escurrir en un cedazo para quitar el exceso de aceite. De la misma manera, freír el resto, añadiendo aceite según se necesite y quitando siempre el sobrante.

Calentar en la sartén una cucharada de aceite, agregar la cúrcuma, el kalonji y el garam masala, remover unos segundos, y añadir el tomate. Freír removiendo durante 5 minutos o hasta espesar la mezcla (con cuidado, ya que al espesarse tiende a salpicar). Añadir la berenjena procurando que no se rompan las rodajas, cubrir la sartén y dejar unos 10 minutos más a fuego reducido. Sazonar al gusto y agregar, removiendo, el cilantro.

imam bayildi

1 berenjena
3 cucharadas de aceite de oliva
1 pizca de cebolla mediana
1 diente de ajo chafado
3 tomates maduros picados
½ cucharadita de canela molida
1 puñado de perejil picado
250 ml de zumo de tomate
yogur natural espeso

Raciones: 2 Preparación: 1 hora y 20 minutos

Precalentar el horno a 200 °C. Cortar la berenjena en dos mitades, longitudinalmente. Para vaciar la pulpa, pasar un cuchillo de punta afilada a 1 cm del borde cortado y sin profundizar demasiado, para no agujerear la piel.
De esta manera se dejan dos conchas. La pulpa extraída se reserva después de picarla finamente.

Calentar 2 cucharadas de aceite en la sartén y sofreír la pulpa de la berenjena con la cebolla y el ajo, hasta que la cebolla quede tierna. Agregar el tomate picado y sus jugos, y remover para mezclarlo todo. Salpimentar y agregar la canela. Calentar hasta reducir y añadir el perejil; remover.

Rellenar los cuencos de berenjena con esta mezcla y pasarlos a una bandeja para el horno. Mojar la berenjena con zumo de tomate cubriendo bien, lo cual evitará que se seque durante la cocción, y remojar con el aceite restante.

La berenjena se deja en el horno durante 1 hora. La pulpa debe quedar tierna y el relleno, tostado por arriba. Servir añadiendo unas cucharadas de zumo de tomate y coronando con un toque de yogur.

berenjena asada con ricotta y tomate

1 berenjena cortada a rodajas
2 cucharadas de aceite de oliva
250 g de tomates cherry partidos por la mitad
1 diente de ajo chafado
1 cucharadita de alcaparras escurridas
3 cucharadas de ricotta
unas hojas de albahaca

Raciones: 2 Preparación: 20 minutos

Calentar el gratinador al máximo. Untar las rodajas de berenjena con un poco de aceite. Gratinarlas por las dos caras hasta que adquieran un color pardo, tras lo cual pasarlas a una bandeja poco honda para el horno (que quepa debajo del gratinador).

Calentar el resto del aceite en un cazo, echar los tomates cherry y el ajo y sofreír hasta dejar tiernos los tomates. Agregar las alcaparras, continuar 1 minuto. Volcar los tomates sobre la berenjena, sazonar y coronar con cucharadas de ricotta. Volver a colocar la bandeja bajo el gratinador hasta que la ricotta empiece a burbujear, y por último esparcir las hojas de albahaca.

espinacas

Espinacas, ¿por qué?

Si las películas de dibujos no mienten, valdría la pena emular la dieta de Popeye. Las espinacas llevan hierro y vitaminas A y C, pero también contienen el ácido oxálico que impide su absorción, ¡así que Popeye debía de comer alguna otra cosa! Nosotros las apreciamos por su sabor fresco y simple, tanto crudas como cocidas.

¿Qué hay que buscar?

Conviene elegir las que tengan aspecto lozano, y adquirirlas en atados, no embolsadas. La espinaca fresca es la más sabrosa, por eso hay que comprarla solo cuando se necesite.

¿Cómo utilizarlas?

- Se cuecen con la mínima cantidad de agua: al vapor sería lo ideal. Si se han hervido en agua, lo mejor es escurrirlas y exprimirlas antes de utilizarlas, o nos aguarían todo lo que hagamos.
- Hay que tener en cuenta que un gran montón de hojas de espinaca se reduce a una insignificancia después de su cocción. Se necesitan unos 225 g por comensal.

¿Qué encontraremos?

- La verdadera espinaca tiene hojas redondas cuando es pequeña o «baby», y multilobulada o rizada cuando llega a adulta.
- La acelga, a la que llaman espinaca en Australia, tiene tallos más blancos, gruesos y carnosos que la espinaca, la hoja más áspera y un sabor más fuerte.
- La espinaca neozelandesa o warrigal tampoco es espinaca pero se prepara de la misma manera. Resulta más sabrosa cuanto más joven.

espinacas con ajo y chile

250 g de hojas de espinacas baby
2 cucharadas de aceite de oliva
1 diente de ajo chafado
1 chile rojo finamente picado
2 cucharadas de crema de leche
pimienta de Cayena

Raciones: 2   Preparación: 15 minutos

Lavar bien las espinacas y sacudirlas para escurrir el agua, dejando solo la humedad adherida a las hojas. Si usamos espinacas congeladas, hay que descongelarlas y escurrirlas muy bien, presionando con las manos para eliminar el exceso de humedad.

Calentar el aceite en una sartén y sofreír el ajo y el chile pero procurando no quemarlos. Agregar las espinacas y remover para que se empapen de aceite. Tapar la sartén durante 1 m para crear un poco de vapor. Destapar y avivar el fuego. Remover las espinacas para que evaporen el líquido. Sazonar bien, remojar con la crema de leche y espolvorear con pimienta de Cayena.

ensalada de espinacas con pollo y aliño de sésamo

225 g de hojas de espinacas baby
1 pepino de 8 cm, pelado y a dados
2 cebollas escalonias troceadas
1 zanahoria en juliana
1 pechuga de pollo asado
1 cucharada de tahini
1 cucharada de zumo de lima
2 cucharaditas de aceite de sésamo
½ cucharadita de azúcar
1 pizca de chile en copos
1 cucharadita de semillas de sésamo
1 puñado pequeño de cilantro en hoja

Raciones: 2 Preparación: 25 minutos

Poner las espinacas en una fuente y repartir por encima el pepino, la escalonia y la zanahoria.

Cortar la pechuga en juliana (tiras finas) y echarla sobre las hortalizas.

Mezclar el tahini, el zumo de lima, el aceite de sésamo, el azúcar y el chile. Salar al gusto y remojar la ensalada con este aliño.

Freír las semillas de sésamo en una sartén sin aceite a fuego reducido durante 1 minuto o 2, removiéndolas. Cuando estén doradas y exhalen aroma a tostado, esparcirlas sobre la ensalada, y luego agregar las hojas de cilantro. Remover la ensalada en el momento de servirla.

frittata de espinacas y calabacines

1 cucharada de aceite de oliva
½ cebolla roja cortada a rebanadas finas
1 calabacín cortado a rebanadas
1 diente de ajo chafado
150 g de hojas de espinacas baby, sin tallos
3 huevos
1 cucharada de crema
40 g de queso emmenthal rallado

Raciones: 2 Preparación: 25 minutos

Calentar el aceite en una sartén y sofreír la cebolla y el calabacín sobre fuego medio hasta que se doren. Agregar el ajo y sofreír 1 minuto más. Añadir las espinacas hasta que cambien de color y hayan soltado el exceso de humedad por evaporación. Esto es necesario, o la fritada quedaría encharcada por la parte central. Remover la sartén para nivelar la mezcla, y bajar el fuego.

Batir los huevos con la crema, y salpimentar. Añadir la mitad del queso, removiendo, y echar esta mezcla sobre la espinaca. Dejar que el fondo de la fritada se fría durante unos 4 minutos, o hasta que el huevo empiece a cuajar. Mientras tanto, poner en marcha el gratinador, y cuando la fritada esté en su punto espolvorear el resto del queso rallado y poner la sartén bajo el gratinador para dorar la superficie.

Dejar que se asiente 1 minuto antes de sacarla de la sartén. Servir cortada a cuartos.

setas

Setas, ¿por qué?

Es un ingrediente que sirve para dar sabor, o como plato principal ellas mismas. Hay muchas especies, pero si las compramos en el supermercado, las opciones quedan muy reducidas. Nos abstendremos de cogerlas en el bosque, salvo que tengamos conocimiento muy detallado y experiencia en distinguir las comestibles de las venenosas.

¿Qué hay que buscar?

Deben ser firmes al tacto y frescas de aspecto, con el sombrerete liso y sin podredumbres, con las laminillas enteras. Un pie arrugado indica que fueron cogidas hace tiempo y que están empezando a secarse.

Conservación

Para guardarlas en el frigorífico, use una bolsa de papel, ya que con las de plástico exudan humedad. Antes de cocinarlas, es mejor limpiarlas con una servilleta de papel en vez de lavarlas, porque absorben el agua como esponjas.

¿Qué encontraremos?

- El agárico campestre, de sombrerete ancho, admite casi el mismo tratamiento que un bistec. Tienen una textura fina y son más sabrosos que los champiñones cultivados, por lo que se prestan para sopas.
- Aunque tienen un aroma delicado, los champiñones toleran la cocción. Los tamaños varían y algunas veces hallaremos el sombrerete abierto.
- Las cabezas de fraile (*Pleurotus ostreatus*) tienen un color pardo-grisáceo, amarillo o rosa. La forma es agradable y el aroma, delicado; requiere una cocción cuidadosa.
- Las setas de bosque presentan gran variedad de formas y tamaños. Los porcini o ceps se presentan secos y tienen un intenso aroma a tierra. Los hongos silvestres aportan interés a cualquier plato de setas y, cuando sea posible conseguirlos, sustituyen con ventaja a los cultivados.
- Los shiitake se venden tanto frescos como secos. Combinan bien con muchas especias asiáticas pero también pueden formar parte de cualquier plato mixto de setas.
- En general, las setas asiáticas como shimeji y enoki son delicadas y reclaman cocciones brevísimas. Se añadirán a los sofritos en el último momento, o se servirán como guarnición.

sopa de setas

1 cucharada de mantequilla
½ cebolla finamente picada
6 mízcalos grandes finamente picados (unos 700 g)
1 diente de ajo chafado
1 cucharada de jerez seco
500 ml de caldo de pollo o de verduras
1 cucharada de perejil finamente picado
crema de leche

Raciones: 2 Preparación: 30 minutos

Fundir la mantequilla en una cacerola y sofreír la cebolla hasta dejarla translúcida pero no dorada. Agregar las setas picadas y el ajo, y seguir friendo. Al principio las setas soltarán mucha agua, por lo que debe continuar hasta que se haya reabsorbido; aproximadamente 10 o 12 minutos.

Agregar el jerez a la cacerola, avivar el fuego y dejar que el líquido arranque a hervir, con lo que se evapora el alcohol pero el aroma permanece. Dejar que se enfríe un poco y transferir luego a una batidora. Procesar hasta formar una pasta, agregar el caldo y batir a punto de nieve. Hacia el final, añadir el perejil y un par de cucharadas de crema de leche. Volver a poner en la cacerola para calentar ligeramente y servir acompañado de pan.

setas asadas con ajo y chile

2 setas grandes o 4 medianas
1 cucharada de mantequilla ablandada
1 diente de ajo chafado
1 chile rojo pequeño finamente picado
2 cucharadas de perejil finamente picado
2 rebanadas de chapata gruesas
chutney u otra salsa de tomate
nata líquida con unas gotas de limón

Raciones: 2 Preparación: 15 minutos

Poner en marcha el gratinador y cubrir la parrilla con una hoja de aluminio para cocer las setas en su propio jugo y que no gotee. Quitar los tallos y rascar con cuidado los sombreretes si están sucios.

Mezclar la mantequilla, el ajo, el chile y el perejil, y cubrir la parte interior de cada sombrerete. La mantequilla debe estar blanda para que unte bien. Sazonar al gusto.

Gratinar las setas a potencia media durante unos 8 minutos. No deben quedar crudas por dentro. En caso de duda, comprobarlo con la punta de un cuchillo.

Tostar el pan, cubrir con salsa chutney y agregar luego una seta o dos. El toque de nata es un refinamiento añadido.

pasta con boletos y nueces

10 g de boletos secos
200 g de macarrones penne
1 cucharada de aceite de oliva
½ cebolla finamente picada
1 diente de ajo chafado
unos 12 champiñones cortados a rebanadas
2 ramilletes de tomillo
1 puñado de nueces
1 cucharada de nata líquida con unas gotas de limón
queso parmesano recién rallado

Raciones: 2 Preparación: 35 minutos

Disponer los boletos en una fuente con agua hirviendo suficiente para cubrirlos, y dejarlos en remojo media hora. Si absorben rápidamente toda el agua, añadir un poco más. Picar los boletos si son muy grandes.

Cocer los penne en una cacerola grande con agua salada hirviendo hasta dejarlos al dente, removiendo una o dos veces para que no se peguen. El tiempo de cocción puede variar según la marca de la pasta. Vigilar la cocción, ya que las instrucciones de los paquetes suelen pasarse 1 minuto o 2.

Calentar el aceite en una sartén honda y sofreír la cebolla con el ajo hasta dejarla translúcida pero sin dejar que se dore. Añadir los boletos y el líquido remanente del remojo, los champiñones y el tomillo, y seguir friendo. Las setas soltarán líquido al cocerlas, por lo que se continúa hasta que se haya reabsorbido.

En un cazo aparte y sin aceite, tostar las nueces hasta que se pongan oscuras y empiecen a exhalar aroma. Dejar que se enfríen, picarlas y volcarlas en la sartén. Remover con los penne previamente escurridos, agregar la nata y sazonar al gusto. Servir con el parmesano.

tofu

Tofu, ¿por qué?

Muy vituperado y con frecuencia mal entendido, el tofu o requesón de soja es un ingrediente muy versátil. Es algo insípido de por sí pero absorbe muy bien los demás aromas, y contiene gran cantidad de proteínas, pocas grasas y muchas vitaminas B y E. Se presenta en muy diversas texturas, desde blando y untuoso hasta poroso y esponjoso. Elegiremos la que resulte mejor según el plato que se quiera preparar.

¿Qué hay que buscar?

- Elaborado a partir del haba de soja, el tofu tiene aspecto de requesón o de queso más o menos blando, dependiendo de la proporción de agua que se le haya extraído. Emplearemos las variedades más firmes para los procedimientos enérgicos, como los sofritos, y los tofu más tiernos para sopas.

Conservación

- Para guardar en el frigorífico, lo pondremos en una fuente con agua fría. Se mantiene hasta 5 días si se cambia el agua a diario.

¿Qué encontraremos?

- El tofu tierno (sedoso) es muy delicado y se emplea generalmente en sopas o cocido al vapor.
- La variedad de tofu sedoso más firme puede prepararse frita o asada.
- El tofu duro tiene textura muy firme y puede saltearse con facilidad sin que se deshaga.
- Los buñuelos de tofu frito se emplean enteros o cortados a rebanadas en sopas, sofritos o braseados. Por su textura porosa, absorben bien las salsas.
- Las hojuelas, llamadas a veces «yuba», se desmenuzan y agregan a sofritos y sopas, o se usan enteras para envolver rellenos.

agedashi tofu

250 g, o un paquete, de tofu seda duro
1 cucharada de harina de maíz
aceite para freidora
1 cucharadita y ½ de granos de dashi
2 cucharaditas de salsa de soja
1 cebolla escalonia finamente picada
1 cucharadita de jengibre rallado
copos de bonito

Raciones: 2 Preparación: 10 minutos

Cortar el tofu a dados, revolverlos en la harina y sacudir para quitar el sobrante.

Echar aceite en una sartén hasta llenar un tercio y calentarla a fuego vivo hasta que el aceite alcance los 180 °C. Si no se tiene termómetro, se comprueba friendo un dado de pan: el aceite está a punto cuando el pan queda tostado en 10 segundos. De lo contrario, seguir calentando el aceite, y si tarda menos bajar la llama dejando que el aceite se enfríe un poco.

Freír el tofu en varias veces hasta dorar todos los dados, que se escurrirán bien, primero en un cedazo y luego sobre servilletas de papel.

Echar 250 ml (1 taza) de agua en una cacerola, agregar los granos de dashi, así como la salsa de soja, y llevar a ebullición.

Repartir el tofu en dos cuencos y espolvorear sobre ellos la escalonia y el jengibre. Echar la salsa de dashi y soja sobre el tofu y agregar en cada cuenco una pizca de bonito en copos.

sofrito de tofu con salsa de ostras

250 g de tofu duro
2 cucharadas de aceite
1 diente de ajo chafado
1 cucharadita de jengibre rallado
1 cucharada de salsa de ostras
1 cucharada de salsa de soja
1 cucharadita de azúcar
4 setas cabeza de fraile partidas a cuartos
1 cebolla escalonia troceada
1 bok choy pequeña cortada a cuartos
1 puñado de cilantro en hoja

Raciones: 2 Preparación: 20 minutos

Cortar el tofu a trozos. Poner el wok a fuego medio y calentar el aceite hasta que humee un poco. Saltear el tofu hasta dejarlo de color pardo dorado por todas partes, removiendo constantemente para evitar que se pegue y se rompa.

Agregar el ajo, el jengibre, la salsa de ostras, la de soja, el azúcar, y remover para combinarlo todo. Añadir luego las setas, la escalonia y la col bok choy, continuando a fuego lento hasta reducir un poco la salsa y ablandar algo la escalonia y la bok choy. Servir adornado con hojas de cilantro.

tofu seda con chile y cebollas de primavera

tofu seda
2 cebollas escalonias cortadas a rodajas finas
1 chile rojo finamente picado
1 puñado de cilantro desmenuzado
1 cucharada de salsa de chile dulce
2 cucharadas de salsa de soja
2 cucharadas de aceite
1 cucharadita de aceite de sésamo

Raciones: 2 Preparación: 10 minutos

Abrir el tofu y escurrir el líquido sobrante. Cortar el tofu a dados y pasarlo a una bandeja para el horno.

Repartir la cebolla, el chile, el cilantro, la salsa de chile dulce y la salsa de soja sobre el tofu.

Echar los aceites en un cazo y calentar hasta que humeen, e inmediatamente volcarlos sobre el tofu y su guarnición.

chocolate

Chocolate, ¿por qué?

Obsesión para unos, panacea para otros, tiene un sabor maravillosamente rico y una textura suave, ideal para cocinar. Se comercializa con diferentes porcentajes de cacao puro, también en forma de chocolate con leche y chocolate blanco.

¿Qué hay que buscar?

- Adquirir el tipo de chocolate que especifique la receta, ya que las elaboraciones difieren mucho en cuanto a contenidos en grasa y azúcar.
- Para el mejor aroma, que sea chocolate de buena calidad, con alta proporción de manteca de cacao (mínimo un cincuenta por ciento).

¿Cómo utilizarlo?

- Para fundir el chocolate hay que picarlo muy fino y pasarlo a un cuenco sobre una bandeja con agua hirviendo a fuego lento (no permitir que el recipiente toque el agua). Dejar que se ablande el chocolate y removerlo luego para igualar la consistencia. La humedad apelmaza el chocolate (lo convierte en una masa espesa que no funde), por eso hay que impedir que ningún líquido entre en contacto con él.
- Para fundirlo en el microondas, lo pasamos a un cuenco y lo calentamos un par de minutos. Vigilamos y, tan pronto como veamos que la superficie comienza a brillar, lo sacamos y lo removemos.

¿Qué encontraremos?

- El chocolate de cobertura tiene un alto porcentaje de manteca de cacao y se ha de atemperar (calentar y enfriar) con antelación. Funde y cubre muy bien, tiene un acabado brillante e intenso aroma a cacao. Se vende en bloques grandes.
- El chocolate blanco se fabrica a partir de manteca de cacao y leche en polvo. No es chocolate en sentido estricto, ya que no contiene licor de cacao. Debe manipularse con cuidado porque se apelmaza con facilidad. No puede suplir al chocolate negro en todas las recetas.
- El chocolate que se utiliza para cocinar suele contener otras grasas vegetales que no son manteca de cacao, y no tiene un aroma tan intenso. Las virutas y grageas están hechas de esta variedad.
- Los chocolates negros, semidulces o amargos-dulces llevan vainilla, azúcar y manteca de cacao añadidos en proporciones y calidad aromática variable, pero todos sirven para cocinar. Los de buena calidad son brillantes, suaves y de un matiz ligeramente rojizo, se parten con fractura limpia, se funden con facilidad y tienen un olor suave, casi afrutado.
- El chocolate con leche se fabrica añadiendo extractos sólidos de la leche. Es dulce y cremoso, pero con aroma a cacao menos intenso que el de los chocolates oscuros.

budín de chocolate

80 g de chocolate negro
mantequilla para engrasar
40 g de azúcar glas
30 g de chocolate con leche picado
2 huevos
nata

Raciones: 2 Preparación: 40 minutos

Precalentar el horno a 200 °C. Pasar el chocolate a una fuente de vidrio y colocarla sobre una bandeja de agua hirviendo a fuego lento (el cuenco no debe tocar el agua, ya que se recalentaría demasiado). El chocolate empezará a fundirse y la superficie brillará. Entonces se remueve para homogeneizar.

Frotar con un poco de mantequilla el interior de dos tazones de 200 ml. Echar media cucharada de azúcar en cada uno y sacudirlos para revestir el tazón. Repartir el chocolate con leche entre los dos recipientes.

Batir el resto del azúcar con las yemas (unos 2 minutos con la batidora eléctrica, a mano tardará más), hasta obtener una masa cremosa de color claro. Limpiar los enseres utilizados para batir y secarlos bien, ya que de lo contrario no se espesarían las claras al tratar de batirlas. Batir las claras a punto de nieve.

Mezclar el chocolate fundido en la masa de las yemas, y mezclar luego las claras. Es mejor utilizar una cuchara grande, o la espátula de goma, procurando evitar que se chafen. Repartir la mezcla entre los dos tazones y ponerlos al horno durante 15 minutos. El pudín debe tener aspecto inflado y esponjoso. Servir inmediatamente acompañado de nata o helado.

chocolate affogato

110 g de chocolate negro
500 ml de leche
55 g de azúcar glas
170 ml de nata líquida
2 tazas de café pequeñas tipo espresso
2 chorritos de Frangelico u otro licor que guste

Raciones: 2 Preparación: 5 minutos, con el helado preparado la víspera

Romper el chocolate en pastillas sueltas y pasarlas a un cazo con la leche. Calentar a fuego lento (obligatorio, o se pegaría el chocolate en el fondo). Cuando se haya calentado la leche y se funda el chocolate, remover para homogeneizar el líquido. No es necesario que la leche llegue a hervir, ya que el chocolate funde a una temperatura mucho más baja.

Batir los huevos y el azúcar en un cuenco grande de vidrio o metal con el batidor de varillas o la batidora eléctrica, a punto de nieve. Agregar la leche con el chocolate y la crema, y mezclar.

Ponerlo todo en un recipiente de plástico o de metal para el congelador (si es de metal se congelará más pronto). Para obtener un helado cremoso sería preciso batir la mezcla cada hora, o con más frecuencia todavía, con el fin de romper los cristales de hielo que vayan formándose (de lo contrario nos quedará un helado duro, como un polo) hasta que la mezcla se haya endurecido demasiado para seguir removiéndola. Guardar en el frigorífico hasta el día siguiente.

Con una cuchara, sacar dos bolas de helado del recipiente y pasarlas a sendos vasos, que devolveremos al congelador mientras preparamos el café a la italiana.

Se sirve la bola de helado bañada en Frangelico y café. El resto del helado puede tomarse una semana más tarde; estará en su mejor punto.

crema de chocolate blanco

200 ml de nata líquida
4 vainas de cúrcuma ligeramente chafadas
1 hoja de laurel
150 g de chocolate blanco
3 yemas de huevo

Raciones: 4 (o 2 para los muy golosos)
Preparación: 4 horas, incluyendo tiempo de reposo

Disponer la nata, la cúrcuma y la hoja de laurel en un cazo y llevar a ebullición despacio. Reservar para que la cúrcuma y el laurel cedan sus aromas a la crema.

Rallar o picar finamente el chocolate blanco. De esta manera fundirá más pronto, disminuyendo el riesgo de formar grumos. Pasarlo a un cuenco. Calentar a fuego lento la crema y, justo antes de que rompa a hervir, pasar por un colador para separar la cúrcuma y el laurel. Remover hasta disolver el chocolate. Batir un poco las yemas y agregarlas a la mezcla.

Pasar la mezcla a 4 tacitas para café o cuencos pequeños, y meter en el frigorífico. Deben quedar a punto en un par de horas, con tal de evitar abrir continuamente el frigorífico.

pastel de chocolate doble

80 g de mantequilla
40 g de cacao en polvo
145 g de azúcar molido (superfino)
2 huevos
60 g de harina de trigo
½ cucharadita de levadura en polvo
100 g de virutas de chocolate

Raciones: 12 Preparación: 40 minutos

Precalentar el horno a 180 °C. Pintar la bandeja para el horno con aceite o mantequilla fundida. Colocar en el fondo papel de pastelería (en caso de apuro puede servir el de envolver la mantequilla, con tal de que no sea de aluminio).

Fundir la mantequilla en un cazo, cuidando de que no se dore ni se queme. Cuando se haya licuado, retirar del fuego y añadir el cacao y el azúcar sin dejar de remover, y seguidamente los huevos.

Disponer un cedazo sobre el cazo y echar la harina y la levadura en polvo junto con una pizca de sal. Removerlo todo en el cazo, procurando no dejar grumos de harina. Agregar las virutas de chocolate, sin dejar de remover.

Pasar la mezcla a la bandeja para el horno y cocer durante 30 minutos. De no coincidir las medidas de la bandeja con las recomendadas, será preciso abreviar (bandeja más grande) o prolongar (bandeja más pequeña). Para saber si el pastel está cocido, clavar un pincho o la punta de un cuchillo, a ver si sale limpia. No obstante, puede ocurrir que se haya fundido alguna viruta de chocolate manchando la punta, y parecería que la masa aún no está a punto. Sacar la bandeja, dejar que se enfríe, volcarla para desmoldear el pastel y cortarlo en porciones.

nata

nata, ¿por qué?

No es un ingrediente prohibido, pese a su alto contenido en grasa. La nata intensifica los sabores y confiere una suave textura a los platos. Con tal de no consumirla a todas horas, no nos va a perjudicar. Además contiene gran cantidad de vitamina A.

¿Qué hay que buscar?

La nata verdadera se vende con muy diversos grados de humedad en función del contenido en grasa de la leche. El color varía entre el amarillento y el blanco, lo cual depende de la alimentación de la vaca. La leche evaporada de bote no es verdadera nata.

- Para preparar la nata batida, el contenido graso debe ser superior al 35 por ciento. Las natas ligeras no sirven.
- Si se monta la nata a mano, reduciremos el riesgo de convertirla en mantequilla por error. Tan pronto como se espesa lo suficiente y empieza a adherirse al batidor, hay que dejarlo. Un truco para facilitar la operación consiste en enfriar previamente el batidor y el recipiente en el frigorífico.

¿Qué encontraremos?

- La nata ligera tiene alrededor de un 18 por ciento de materia grasa. No sirve para batirla pero se añade a las sopas para darles densidad y consistencia.
- La nata para montar tiene un 35 por ciento de grasa y se destina específicamente a este uso. Normalmente tiene densidad suficiente para cubrir a cucharadas otros ingredientes. Se desintegra cuando se añade en elaboraciones que luego deban hervir.
- La nata espesada lleva un estabilizante a base de gelatina y se bate con más facilidad que la crema pura.
- La nata doble espesada tiene un 48 por ciento de contenido graso y es más indicada para añadir a las elaboraciones. Si se intenta batir se convierte fácilmente en mantequilla.
- La nata coagulada es muy densa, de color amarillo, y se emplea por lo general en bollería y otros dulces calientes.

merengues con fresas

2 o 3 merengues ya hechos
125 g de fresas
½ cucharadita de azúcar glas
125 ml de nata líquida

Raciones: 2 Preparación: 5 minutos

Romper los merengues en varios trozos. Cortar las fresas a cuartos y pasarlas a una fuente con el azúcar. Con la mano del mortero o el dorso de una cuchara, machacar un poco la fruta para que suelte jugo. Con el batidor de varillas o la batidora eléctrica, montar la crema hasta que espese pero a solidificar sin llegar.

Mezclarlo todo, remover un poco y servir en vasos.

zuppa inglesa

bizcocho o pastel de Madeira, 2 porciones gruesas
2 cucharadas de brandy
75 g de frambuesas
85 g de moras
1 cucharada de azúcar glas
125 ml de crema de natillas
125 ml de nata un poco batida
azúcar de pastelero para espolvorear por encima

Raciones: 2 Preparación: 15 minutos

Disponer sendas raciones de bizcocho en un par de platos hondos y remojar con el brandy, dejando que empape durante 1 minuto o 2, como mínimo.

Pasar las frambuesas y las moras a un cazo con el azúcar glas. Calentar suavemente a fuego lento hasta que el azúcar empiece a fundirse, apagar y dejar que se enfríe.

Con una cuchara, repartir la fruta sobre los bizcochos, coronar con las natillas, añadir un poco de nata y espolvorear con azúcar de pastelería.

yogur de mango

1 mango muy maduro
125 ml de yogur estilo griego
2 cucharadas de nata

Raciones: 2   Preparación: 10 minutos

Sacar la pulpa del mango. La manera más fácil de hacerlo es partirlo por la mitad rodeando la semilla, practicar cortes en cruz casi hasta la piel, e ir sacando trozos de la pulpa, que se pondrá en un cuenco, hasta dejar bien limpio el hueso.

Hacer puré la pulpa con la batidora o el minipimer.

Llenar el fondo de un vaso con una cucharada de puré de mango, cubrir con una cucharada de yogur, y así sucesivamente, alternando capas. Cuando se hayan terminado el mango y el yogur, rellenar gastando la mitad de la nata en cada vaso. En el momento de tomarlo, hay que remover el contenido con la cucharilla.

fruta

Fruta, ¿por qué?

Consumida al natural es perfecta, pero también puede servir para muchos platos de postre tan sabrosos como saludables. Algunas frutas se prestan más que otras a la cocción, y se emplean en mermeladas, dulces y compotas. Otras se utilizan en crudo para ensaladas de frutas o tropezones añadidos a las jaleas.

¿Qué hay que buscar?

- La fruta debe tener un aspecto fresco y sano, sin arrugas ni manchas extrañas en la piel. Las frutas de bosque deben presentarse enteras, y todas, al sopesarlas al tacto, dar la impresión de que pesan mucho para el volumen que tienen (es decir, que están jugosas).
- Si nos lo permiten, las elegiremos a mano y una a una para tener la seguridad de que no nos llevamos ninguna estropeada. Si llevamos frutas del bosque en canastilla, debemos comprobar la superficie de esta y también el fondo, para ver si hay alguna chafada o estropeada.
- Las guardaremos en el frigorífico durante el verano, pero se consumen a temperatura ambiente.

¿Qué encontraremos?

- Frutas con hueso, como los melocotones, las nectarinas, los albaricoques y las cerezas. En su punto de madurez se aprecian ligeramente blandas al tacto. Se consumen al natural y cocidas.
- Frutas blandas. Incluyen las bayas y la uva al natural o pasa. Son de consumo óptimo en su temporada. Las fresas siempre saben mejor en verano. Al comprarlas, debemos comprobar que no haya ninguna chafada, mohosa ni partida. No se lavan hasta el momento de utilizarlas. Es mejor consumirlas al natural.
- Frutas tropicales. Entre ellas se encuentran los plátanos, los mangos, la piña americana, los melones y otros productos exóticos. Cuando están maduros exhalan intensa fragancia. Dan lo mejor de su sabor al natural.
- Cítricos. Pesan mucho para su tamaño y si son de crianza ecológica (o de nuestro propio huerto) evitaremos que nos los vendan tratados.
- Manzanas y peras. Las manzanas deben ser duras al tacto y las peras, apenas algo blandas. Las mejores manzanas para cocción son las Granny Smith, las de pulpa harinosa se prestan para hacer puré, y las Golden Delicious para tartas y pasteles.

jalea al champán

2 fresas cortadas a cuartos
10 arándanos
8 frambuesas
3 cucharadas de glas
1 cucharadita y ½ de gelatina
2 copas de champán o cava

Raciones: 2   Preparación: 15 minutos, más un par de horas para cuajar

Pasar las frutas del bosque a un cazo con el azúcar y una cucharada de agua, y calentar ligeramente hasta que suelten un poco de zumo y se funda el azúcar. Repartir en dos vasos.

Echar dos vasos de agua en un cuenco y repartir la gelatina sobre la superficie, procurando formar una capa uniforme. Dejar que repose durante unos minutos, en cuyo tiempo habrá absorbido algo de agua y empezará a tomar la consistencia de la jalea. Fundir ahora la gelatina, vertiéndola a un cazo para calentarla a fuego lento, o colocándola en el microondas durante 1 minuto. Es preferible que no rompa a hervir porque perdería la propiedad de cuajar.

Mezclar gradualmente el champán, vertiéndolo poco a poco en la gelatina y removiendo.

Pasar a los vasos, removiendo una o dos veces. Guardarlos en el frigorífico durante unas 2 horas para que la jalea se solidifique.

migas de manzana

4 manzanas
2 cucharadas de azúcar glas
piel de un limón rallada
60 g de mantequilla
60 g de harina
½ cucharadita de canela en polvo

Raciones: 2 Preparación: 1 hora y 10 minutos

Precalentar el horno a 180 °C. Pelar las manzanas, quitarles los corazones y rebanarlas. Pasar la manzana, una cucharada de azúcar y la piel del limón a una bandeja pequeña para el horno, y después de mezclarlo todo, cubrir con una cucharada (20 g) de mantequilla.

Mezclar el resto de la mantequilla con la harina hasta obtener unas migas parecidas a arena gruesa. Remover para añadir el resto del azúcar y la canela. Agregar una cucharada de agua y remover las migas para que formen grumos un poco más gruesos.

Esparcir estas migas sobre la manzana y ponerla al horno durante 1 hora: la parte superior se habrá dorado y los jugos burbujearán a través de la capa de migas. Se sirve con natillas (página 186), helado o crema.

ensalada de frutas con especias

60 g de azúcar glas
2 rebanadas de jengibre
1 chile partido por la mitad
zumo y piel de una lima
fruta combinando melón, sandía, mango, plátano, cerezas, lichis, kiwis o cualquier otra, al gusto, suficiente para dos comensales

Raciones: 2 Preparación: 15 minutos y el tiempo de enfriar

Pasar el azúcar a un cazo con 60 ml de agua, el jengibre y el chile. Calentar hasta que se funda el azúcar. Cuando se haya enfriado, agregar el zumo y la piel rallada de lima. Sacar el jengibre y el chile.

Colocar las frutas elegidas en una fuente y remojar con el almíbar. Se dejan en remojo durante 30 minutos en el frigorífico.

Sírvase con helado de coco o de cualquier otro sabor, o con un sorbete.

recetas básicas

mayonesa

Todos los ingredientes han de estar a temperatura ambiente. Pasar 2 yemas a un cuenco hondo y sazonar. En una jarra medidora, 300 ml (1 taza y $^1/_4$) de aceite vegetal. Agregar una gota de aceite a las yemas y batir con el batidor de varillas o el minipimer. Repetir y seguir añadiendo el aceite gota a gota. Empieza a formarse la emulsión. Conforme esta se espesa y toma color claro y aspecto brillante, se aumenta el flujo de aceite a un chorro delgado. Cuando falte poco para agregar todo el aceite, añadir 1 o 2 cucharadas de vinagre o de zumo de limón. Seguir batiendo hasta agotar el aceite y sazonar. Debe dar unos 375 ml (1 taza y $^1/_2$).

vinagreta

Con el mortero o con la hoja de un cuchillo se chafa un diente de ajo pequeño con un poco de sal para formar una pasta. Se añade una cucharada de vinagre de buena calidad y $^1/_2$ cucharadita de mostaza de Dijon. Mezclar bien e ir echando un chorrito de aceite hasta formar una emulsión fina y agotar 3 cucharadas de aceite. Salpimentar, y ya está listo el aliño para una ensalada.

natillas

Batir una yema de huevo con una cucharada de azúcar fino y una cucharada de harina corriente. Calentar 250 ml de leche (una taza) hasta que hierva. Echarla en la mezcla de harina y azúcar, removiendo, procurando mezclar bien y no dejar grumos. Devolver la mezcla al cazo y llevar de nuevo a ebullición sin dejar de remover. Debe espesarse hasta tomar una consistencia semifluida.

patatas hervidas

Para 4 comensales, pelar 4 patatas grandes, de las de textura harinosa, trocearlas y echarlas en una cacerola con agua fría ligeramente salada (también se puede añadir un ramillete de menta). Llevar a ebullición, reducir la llama y cocer a fuego lento durante 15 o 20 minutos, o hasta dejarlas tiernas. El hervor no debe ser demasiado fuerte, ya que se romperían las patatas. Escurrir, desechar la menta y añadir un toque de mantequilla, si se desea.

puré de patatas

Pelar y trocear 4 patatas grandes, de las de textura harinosa. Sumergirlas en agua fría, llevar a ebullición hasta que estén tiernas, escurrir bien y devolverlas a la cacerola, a fuego lento, con 2 cucharadas de leche caliente, una cucharada de mantequilla y sazonar con generosidad. Apartarlas del fuego y machacarlas con la mano de mortero y el batidor de alambre, pero no con la batidora eléctrica porque resultaría un puré excesivamente pegajoso. Finalmente, batir con una cuchara grande de madera a un punto algodonoso. Si se desea, se puede añadir más mantequilla, un poco de nuez moscada rallada o un toque de crema. Para 4 comensales.

pesto

Disponer 2 dientes de ajo en el mortero o en el recipiente de la batidora, agregar una pizca de sal y 55 g de piñones. Majar o triturar hasta formar una pasta. Poco a poco, añadir 55 g de albahaca en hoja, majando, así como 70 g de parmesano rallado y, siempre gradualmente, 125 ml de aceite de oliva. Pasar a uso inmediato, o guardar tapado en el frigorífico hasta una semana. En este caso, el pesto ha de cubrirse con una fina capa de aceite de oliva. Resultado: 250 ml (una taza).

arroz blanco

Lavar 200 g (una taza) de arroz bajo el agua corriente hasta que salga clara, y escurrir bien. Pasar el arroz a una cacerola de base pesada y agregar agua hasta cubrir el arroz con unos 5 cm de agua (metiendo el índice en el agua hasta tocar fondo, quedará sumergido hasta la segunda articulación). Agregar una cucharadita de sal y llevar el agua a ebullición rápidamente. Cuando arranque a hervir, tapar y reducir a fuego lento. Cocer durante 15 minutos o hasta que el arroz esté tierno. Retirar el recipiente del fuego y dejar que repose durante 15 minutos sin quitar la tapa. Remover el arroz con un tenedor antes de servirlo. Para 4 comensales.

glosario

azafrán en rama

Especia cara, constituida por los estigmas de la flor de *crocus sativa*. Se vende también en polvo pero son preferibles los estigmas y se gasta una cantidad muy pequeña para dar color y aroma a los platos.

azúcar de palma

Se obtiene hirviendo la savia de la palmera azucarera. Puede sustituirse por azúcar no refinado de caña.

bok choy

Tipo de repollo chino con tallos blancos y hojas de color verde oscuro. También se llama repollo de mostaza blanco. Se puede encontrar en tiendas especializadas en cocina asiática.

boleto

También conocido como «cep», seta a veces fresca pero más generalmente seca, que se pone en remojo con agua caliente antes de utilizarla.

chalota

Cebolla escalonia o cebolla de primavera, de numerosos bulbos agregados, con un sabor más delicado y suave que la mayoría de su género.

chapata

Pan en forma de zapatilla, de origen italiano, tiene la miga húmeda y corteza delgada. Lo ideal es que sea del día.

copos de bonito

Migas o copos de bonito del Pacífico, se usan en la cocina japonesa como condimento.

cuscús

Sémola de harina, de grano suelto, que en muchos países acompaña los platos de carne y hortalizas, más o menos como el arroz en Extremo Oriente. Suele cocerse al vapor. Hay un cuscús «instantáneo» que solo requiere ponerlo a remojo en agua hirviendo 5 minutos.

dashi en grano

Estos gránulos son esenciales para cualquier sopa básica de la cocina japonesa.

emmenthal

Queso duro de leche de vaca y sabor dulzón a nueces.

feta

Queso blanco y blando curado en salmuera. Se vende por lo general cortado a dados. Tiene sabor fuerte y salado. Hay feta de oveja, de cabra y de vaca.

garam masala

Especia india compuesta de cilantro, comino, cúrcuma, pimienta negra, clavo, canela y nuez moscada. Hay infinidad de fórmulas que se venden ya preparadas. Generalmente se añade hacia el final de la preparación, para sazonar.

haloumi

Queso salado de Oriente Próximo. Textura gomosa, se elabora cociendo el requesón de leche de oveja antes de ponerlo en salazón.

harissa

Pasta oriunda del Magreb hecha de chiles molidos y otras especias, para sazonar sobre todo el cuscús y también otros platos. Se vende en tubos o latitas en los delikatessen.

jalapeños

Pimiento picante, de pulpa gruesa y color rojo o verde, a veces con estrías de color pardo.

laksa en pasta

Pasta de especias obligada para la confección del plato de ese nombre.

lavash

Tipo de pan en forma de torta plana y rectangular, y que se enrolla con facilidad; puede reemplazarse por otros tipos de tortas flexibles.

leche y crema de coco

En lata, por lo general. La leche de coco es una versión reducida de la crema. En algunas latas de leche de coco se hallará una capa de crema flotando; puede separarse a cucharadas si no se necesita más que una pequeña cantidad.

lima kaffir

Variedad muy usada en la cocina tailandesa, de hojas aromáticas y corteza rugosa.

mascarpone

Queso cremoso originario de la Lombardía, con alto contenido en grasas, ya que se elabora con crema en vez de leche.

nata líquida

La conocida crème fraiche es nata fomentada con un sabor fresco, a nueces, apenas agrio y una textura más cremosa que la de la crema agria debido al superior contenido graso. A diferencia de la crema agria, no cuaja al hervirla y por eso es ideal para salsas y sopas. Se puede reemplazar por nata líquida a la cual se añaden unas pocas gotas de limón.

orégano

Hierba aromática de la familia de la mejorana. Muy empleada en la cocina mediterránea.

panceta

Tocino veteado de la panza del cerdo y ahumado, o curado, por otro procedimiento. En las recetas se emplea en lonchas o cortado a dados.

parmesano

Queso duro de vaca que en la cocina italiana se emplea generalmente rallado como ingrediente. Lo mejor es comprar una porción de parmesano fresco y rallarlo en casa.

pesto

Mole o picada compuesto por albahaca, piñones, ajo, aceite de oliva y queso parmesano o pecorino sardo. Acompaña generalmente a la pasta italiana, pero también condimenta bien los platos de pollo o pescado.

prosciutto

jamón italiano curado en salazón y luego secado al aire. Tras unos diez meses de envejecimiento, se sirve en lonchas muy finas. El prosciutto de Parma, que es la versión clásica, se consume a veces con el aperitivo, pero también suele aparecer en platos cocinados.

rábano picante

Se emplea rallado y emulsionado con crema para condimento.

risotto

Arroz de grano redondo, muy absorbente. Hay varias clases, en función del tamaño del grano: arborio, carnaroli y vialone nano son las más corrientes.

sambal oelek

Condimento asiático hecho de chile rojo, vinagre y azúcar formando una pasta.

tahini

Pasta aceitosa a base de semillas molidas de sésamo, se usa como condimento.

tapenade

Pasta de olivas, anchoas y «tapeno», o alcaparras. Es delicioso para untar tostadas, como tentempié, o para mojar pan. También como ingrediente en algunas salsas.

tofu duro

Tofu razonablemente sólido que puede intervenir en sofritos.

tofu en albóndiga

Dados grandes de requesón de soja, generalmente embolsados después de fritos, con textura crujiente por fuera y esponjosa por dentro. Puede encontrarse en la sección de congelados de los comercios especializados en alimentos orientales.

tofu seda

Tofu muy tierno que se emplea en sopas. Se desmigaja si tratamos de freírlo.

tomate en puré

Pasta concentrada que proporciona un recurso fácil para condimentar sopas y estofados, puede conservarse congelado en cubitos.

tortillas de harina

Torta fina elaborada sin levadura. La harina puede ser de trigo o de maíz, hecha a mano o en prensa, y precocinada a la parrilla. Se consumen tal cual o se utilizan para formar rollitos con relleno.

vinagre balsámico

Vinagre denso, dulce y muy fragante que elaboran en Módena con uva de la variedad Trebbiano di Spagna. Los mejores bajo la denominación de Aceto Balsamico Tradizionale de Modena son mezclas de vinagres envejecidos en barril (algunos de hasta 100 años) y otros más jóvenes pero de 12 años por lo menos. Hay considerables variaciones de precio y calidad. Es aconsejable adquirir el mejor que podamos permitirnos.

zumaque

Zumo de una baya roja de sabor ácido y afrutado. Esta baya pulverizada se usa como condimento y colorante en muchos platos de Oriente Próximo y el Magreb.

índice

Mi más sincero agradecimiento a Marylouise, Katy, Ian, Wendy y Jo por realizar este libro. Gracias a Kay por ofrecerme este proyecto y a Sifet por convencerme que puede funcionar.

Título original: *Food, Cook, Eat*

Publicado por Murdoch Books (R), una división de Murdoch Magazines Pty Ltd.

Dirección de arte: Marylouise Brammer
Fotografías: Ian Hofstetter
Estilismo: Katy Holder
Ayudante de estilismo: Jo Glynn
Edición de recetas: Lulu Grimes
Dirección editorial: Diana Hill
Edición: Wendy Stephen

La editorial quisiera dar las gracias a las siguientes entidades por su apoyo en la elaboración de este libro: AEG Kitchen Appliances, Breville Holdings Pty Ltd, Füritechnics Pty Ltd.

Advertencia: Las personas con alto riesgo de intoxicarse por salmonella (personas mayores, mujeres embarazadas, niños pequeños y personas que sufren algún trastorno del sistema inmunológico) deben consultar con su médico de cabecera el consumo de huevos crudos.

Coordinación editorial: Bettina Meyer
Fotocomposición: Víctor Igual, S.L.

ISBN: 84-253-3917-0

Impreso en Gráficas 94, Sant Quirze del Vallès, Barcelona
Depósito legal: B. 4462- 2005

GR 3 9 1 7 0